# Schlafen kannst Du, wenn Du tot bist

**Die Autorin:**
Daniela Pfeiffer, geboren 1973 in Wedel, studierte Journalistik, Sportwissenschaft und Psychologie an der Universität Hamburg. Sie volontierte an der Journalistenschule des Axel-Springer-Verlages, arbeitete anschließend als Redakteurin bei der „Welt am Sonntag“ und bei BILD.
Leila traf sie zum ersten Mal im Juli 2000 bei der Recherche für einen Artikel in der „Welt am Sonntag“. Zwei Lebenswelten prallten aufeinander – aber gerade das machte für sie den Reiz aus: „In die Seele eines Menschen einzutauchen, der so ganz anders ist als ich.“

Daniela Pfeiffer

# Schlafen kannst Du, wenn Du tot bist

## Leilas Tagebuch

HEEL

HEEL Verlag GmbH
Gut Pottscheidt
53639 Königswinter
Tel.: (0 22 23) 92 30-0 · Fax: (0 22 23) 92 30-13
E-Mail: info@heel-verlag.de
Internet: www.heel-verlag.de



Autorin (verantwortlich für den Inhalt):
Daniela Pfeiffer, Hamburg

Titelfoto:
© Erik Hackenschmidt

Titelgestaltung:
Olaf Schumacher, Königswinter

Alle Angaben ohne Gewähr.

Lektorat:
Petra Hundacker, Antje Schönhofen

Satz und Gestaltung:
HEEL Verlag, Königswinter

Druck:
Ellwanger, Bayreuth

Printed and bound in Germany

ISBN 3-89880-024-5

# Inhaltsverzeichnis


| | | |
|---|---|---|
| 1. Kapitel | Das Leben eines Partygirls | 6 |
| 2. Kapitel | Partys, Schnitten und Promille | 10 |
| 3. Kapitel | Promis und VIP-Partys | 20 |
| 4. Kapitel | Warum Favoritenschnitten besser sind als One-Night-Stands | 25 |
| 5. Kapitel | Familienbande | 37 |
| 6. Kapitel | Leilas Abgrund | 50 |
| 7. Kapitel | Make-up-Junkie und Fashion-Victim | 75 |
| 8. Kapitel | Zivilcourage statt Tierschutzdemo | 86 |
| 9. Kapitel | Zukunftsvisionen | 92 |
| Anhang | | 104 |

# 1. Kapitel

## Das Leben eines Partygirls

Dies ist die Geschichte von Leila, einer jungen Frau aus Berlin. Ihren Lebenssinn findet die 23-Jährige in Partys, Männern und Treffen mit Prominenten. Mit Wesley Snipes hat sie Yoga gemacht, mit Nick Nolte getanzt, mit Alexander Scheer geknutscht.

Zu Hause ist sie in den Bars und Clubs von Berlin-Mitte. Und im Prada-Laden. Denn Leila hasst es, in voll gestopften Regalen mit verschwitzten Klamotten herumzuwühlen. Lieber bummelt sie durch die Edelboutiquen, kauft sich schicke Designerkleidung und lässt sich mit einem Glas Champagner verwöhnen. Dafür isst sie schon mal eine Woche lang nur Toastbrot.

Leila ist der Fleisch gewordene Traum eines jeden Marketingstrategen: markenbewusst und konsumorientiert. Und sie ist ein Kind der Spaßgeneration: narzistisch und egoistisch.

Arbeiten? Das würde ja von der Zeit abgehen, in der sie sich amüsieren kann. Und warum sollte sie in die Rentenkasse einzahlen, wenn sie eh nicht weiß, wie alt sie wird? Sie will sich nicht abrackern, sondern das Leben genießen; die Zeit nutzen – und zwar für sich, nicht für andere.

Schlafen kannst Du, wenn Du tot bist, lautet ihre Lebensmaxime. Und: If it's fun, do it. „Das Leben ist aufregend", findet sie, „und viel zu schnell vorbei."

Vor acht, neun Jahren, als Leila gerade 14 war, da hat ihr Leben zwischen Bars, Partys und Diskotheken begonnen. Nur weg wollte sie. Weg von zu Hause, weg von den Eltern, die sich getrennt hatten und ständig an ihr herumzerrten. „Ich wollte meine Ruhe und bin jeden Abend ausgegangen – selbst wenn ich 39 Grad Fieber hatte", sagt Leila. „Seitdem ist die Szene ein Teil meines Lebens. Die Partys sind ein Selbstfindungsprozess. Solange ich nicht weiß was ich will, nutze ich die Zeit, um Spaß zu haben."

*„Electric Kingdom" war natürlich die Party aller Partys, und ich habe den Rapstar Africa Islam kennen gelernt, der mir jetzt zu verfallen scheint … hm! Hab mit Alex und mit einer Wodkaflasche in der Hand auf dem DJ-Pult getanzt … Handy, Filofax und meine Contenance verloren und kam morgens dreckig, blutig und blau nach Hause … Es war jede Minute wert! (26.2.2000)*

In ihren Tagebüchern hält Leila seit ihrem achten Lebensjahr fest, was sie erlebt und was sie beschäftigt. 15 Bücher stapeln sich inzwischen unter ihrem Bett, eng beschrieben, mit Gedichten und Fotos. Eines zeigt sie im Alter von fünf Jahren. Ein kleines Mädchen mit Zöpfen und Sommersprossen lächelt fröhlich in die Kamera.
Heute ist Leila 23. Mit 18 ist sie ausgezogen, zu ihrer Mutter hat sie keinen Kontakt mehr. Und mit Männern hat sie auch ständig Pech.
Die Tagebücher sind der Versuch, etwas festzuhalten in ihrem Leben, in dem kaum etwas länger dauert als eine Nacht. Alles ist flüchtig, zieht vorüber, die Partys, die Affären, die Freunde. Und so sitzt Leila oft zu Hause, blättert in ihren Tagebüchern, die sie liebevoll „Lee" oder „Liebes" nennt, und liest Passagen aus vergangenen Zeiten. „Ich habe Angst, etwas zu vergessen", sagt sie. „Deshalb schreibe ich alles auf, was mir wichtig ist."

*Was für eine Nacht! Nach langem Styling, Schminken und Haare machen konnte ich also zum Party-Aperitif ins „Cibo Matto" eilen, wie immer 30 Minuten zu spät. Nur Stefan schaffte es, noch später als ich zu erscheinen. Angeschwipst und frisch gepudert eilten wir ins „WMF", wo der samstägliche Wahnsinn seinen Lauf nahm – wir tanzten auf der Bar rum, ohne Schuhe und arbeiteten hart am Spaß haben … Wie süß Arbeit doch schmecken kann! Dann hatten wir die Idee, das*

*Kinderschwimmbad im Monbijouxpark zu einer kleinen Abkühlung zu nutzen. Mit einer Sektflasche kletterten wir über den Zaun, um dann eine halbe Stunde später im „Sternradio" aufzulaufen – zerzaust, feucht und super gelaunt! Ich tanzte auf dem DJ-Pult und die Jungs unter den Tisch, und am Morgen, als der schönste aller Sonnenaufgänge uns die Samstagnacht erhellte, krochen wir auf allen Vieren ins Taxi und zu mir. Da legten wir uns in die Morgensonne aufs Dach, knäuelten uns nach einem üppigen Frühstück zu fünft in mein Bett, aufeinander, ineinander zu einer Schmuseorgie … Und was glaubst du, was ich geträumt habe? What a lovely way 2 burn … süße Träume …*
*(29.7.2001)*

# 2. Kapitel

## Partys, Schnitten und Promille

Wenn andere Menschen aufstehen, um zur Arbeit zu gehen, liegt Leila noch im Bett und schläft. Oft schält sie sich erst mittags aus ihrem chromgestählten Himmelbett, manchmal auch erst abends – je nachdem, wie lange die Party am Vorabend gedauert hat.

Leilas Lieblingsbar ist das „Cibo Matto" in Berlin-Mitte. Sie sitzt an einem Ecktisch, wo sie den Laden überblicken kann. Wie eine Prinzessin, die Hof hält.

Leila wechselt ihr Gesicht im Sekundenrhythmus. Gibt sich verführerisch, unschuldig, dominant, lächelnd – je nachdem, was die Männer gerade sehen wollen. Und wie sie am besten den nächsten Mann abschleppen kann. Sie reckt ihre kecke Stupsnase in die Luft, spitzt die Lippen und wirft einen Kuss in Richtung Tresen. „Das ist Frankie", sagt sie. „Ein ganz Süßer." Süß ist bei Leila allerdings fast

jeder. „Honey" oder „Sweetie" nennt sie Bekannte, die sie im Vorbeigehen grüßen. Oder: „Leckere Schnitte", was soviel wie ein Ritterschlag für einen Mann ist.
Leila redet ununterbrochen, wie eine Platte, die einen Sprung hat. Erzählt von den Männern, die vorbeikommen, von der Party, die morgen steigt, von der Sex-Orgie, die sie mit zwei Mädels und einem unbekannten Mann vor drei Tagen gefeiert hat. Ihre erste, wie sie betont. Ständig schweift ihr Blick ab, wandert durch die Bar – sie könnte ja was verpassen. Einen „tollen Hintern" zum Beispiel.
Leila trägt einen schwarzen, geschlitzten Rock von Gucci, Stilettos und eine Jeansjacke. Ihre Haut ist blass, die rötlich-blonden Haare hat sie zum Zopf gebunden, die Augenbrauen gezupft und durch einen schmalen braunen Strich verstärkt. Die Augenlider glänzen golden, die grünen Augen sind schwarz umrahmt, der Mund leuchtet feuerrot.
Heute ist Samstag, und Leila will feiern – Auftakt zu einer neuen Nacht mit viel Alkohol, ausgelassenem Sex und jeder Menge Spaß.

*Bin wieder einigermaßen zurechnungsfähig. Gestern war ich auf der Marlboro Casino Party in der „Kalkscheune". Marcello und ich haben backstage mit den Veranstaltern Sekt und Tequila getrunken, sind dann gegen 3.30 Uhr mit einer Limousine durch Berlin gefahren und haben Champagner getrunken. Anschließend ins „Dis-*

*count". Habe mit einer Frau herumgeknutscht, die ich noch nicht einmal kannte! Danach habe ich mich auf Hannes' Schoß gesetzt und mit ihm weiter geknutscht. Wir sind zu ihm gefahren … (4.4.1998)*

„WMF", ebenfalls in Berlin-Mitte, einige Stunden später. Leila begrüßt den Türsteher, wird sofort durchgewunken. Bezahlen muss sie in den Clubs schon lange nicht mehr. Leila kennt jeden Türsteher, Barkeeper und Partyveranstalter in Berlin. An keiner Tür wird sie abgewiesen. „Man muss nur mit den richtigen Leuten bekannt sein", sagt sie, „dann kommt man überall umsonst rein, und an der Bar werden einem die Getränke ausgegeben."

*Stell dir vor, Marcello hat mich in seiner Klatschspalte im „030" erwähnt als Leila Groupie (wessen denn?), der Süße! Wir sind viel zusammen unterwegs, er ist der ideale Ausgehpartner – mit Stil, Humor und Contenance in jeder Situation. Jemand ganz Besonderes! Heute hat er mich im „103" zu einem Glas Champagner eingeladen, das ich sehr genossen habe. In der „bz" ist ein Foto von mir und Lord Knut – ich wäre seine neue Freundin und meine Eltern wüssten noch von nichts! Na sicher! Dabei hat er mich nur mit seinem Z3 abgeholt und wir sind zusammen zu einer Party gefahren. Marcello und ich klappten lachend zusammen. (11.4.1998)*

Marcello Masturbani, Szenekenner und Klatschkolumnist des Stadtmagazins „030“, entscheidet über das „in“ und „out“ des Berliner Nachtlebens. Er hat Leila vor drei Jahren in seiner Kolumne bekannt gemacht. Seitdem gehört sie dazu.
„Leila ist eine von vielen Frauen der Nacht“, sagt er. „Aber sie fällt auf, weil sie schon so viel Glamour erlebt hat, Stars kennt, auf VIP-Partys dabei ist. Sie ist eine Mischung aus Groupie und Schlampe. Groupies sind Mädchen, die wegen der Musik hinter Stars her sind, Schlampen wegen des Geldes.“

*Was mir alles weh tut! Ich habe mich mit Jörg im „90 Grad“ so betrunken, dass ich nun zwei Beulen und einen blauen, aufgeschlagenen Ellenbogen und diverse andere Blessuren habe. Jörg sagt, wir haben geknutscht, und ich wäre die U-Bahn-Treppe heruntergefallen. Gott, wie peinlich, aber wir haben weder dem DJ einen Aschenbecher an den Kopf geworfen, noch gesungen oder dem Veranstalter auf die Schuhe gekotzt (glaube ich). Und das, wo ich doch Zurückhaltung – CONTENANCE – üben wollte. Keine Drogen und kein Alkohol mehr. Ich will wieder zuverlässig und ansprechbar sein. 2.17 Uhr: Bin auf dem Weg ins „Sage“, aber derart pleite, dass ich mich in den Nachtbus schummeln muss. (14.6.1998)*

Das „WMF“ hat sich gefüllt. Leila steht mittendrin, wippt mit dem Rhythmus der Musik.

Sie hält ein Glas Sekt in der Hand, begrüßt einen Bekannten mit einem Küsschen auf die Wange. Als ihr Glas leer ist, schmachtet sie den Barmann mit großen Augen an. Er gibt ihr einen Sekt aus. „Danke, Sweetie“, flötet sie.

*Sonntag ließ ich mich im „Sage“ mit Koks zukippen und ins Holiday Inn abschleppen, wo wir teeniemäßig rumknutschten und frühstückten. Trotzdem war ich froh, als ich wieder zu Hause war. Bin halt doch im Grunde meines Herzens brav. (22.7.1998)*

Früher war es Leila egal, wohin sie abends gegangen ist. Hauptsache weg. „Ich habe mich gezwungen, wegzugehen, auch wenn ich keine Lust hatte. Aber das ist der falsche Weg. Da hat man keinen Spaß, da kann man nicht lächeln“, sagt sie. Warum? „Vielleicht war es so was wie eine Flucht, weil ich nicht zu Hause sein wollte“, sagt Leila. „Und weil es cool war auszugehen.“

*What a night! Die Gotham-City-Party am Samstag war toll. Ich saß in der „Must B seen“-Stage und soff den Abend über Schampus. Irgendwann steckte ich Stefan meinen Slip in die Jackentasche und beobachtete von weitem sein fassungsloses Gesicht. (17.12.1998)*

Mit 14 hat es angefangen. Sie ging in Kreuzberg ins „Trash“, ins „Rocket“ und in den

„Bunker“. Dort war Hardcore angesagt, „eine Drogenhöhle“, sagt sie. „Ich habe damals Käppi und Bomberjacken getragen und gehörte dazu.“

*Alex sagt, ich denke an nichts anderes als an Kerle. Stimmt! Sashas Party war … nun ja. Ich glaube, ich habe sie gesprengt, indem ich vor Aufregung zitternd in ganz kurzer Zeit so viel trank, dass ich Sasha nach Koks fragte und der Fähigkeit zu laufen und zu sprechen verlustig ging, letzteres allerdings (Gott sei Dank) erst nach Verlassen der Party. Ich hatte vorher Valium genommen, so aufgeregt war ich, Sasha zu treffen – die Kombination mit Schampus knockte mich dann aus. Ich habe gleichzeitig geheult und gekotzt … Und die Moral von der Geschicht: Gegen Aufregung trinke besser nichts! Liebste Leila, Szenegroupies haben es halt schwer. (9.2.1999)*

Heute ist Leila wählerischer geworden. Sie sucht sich die DJs und Partys aus, die sie interessieren. Dienstags geht sie ins „Cookies“, donnerstags in den „Tresor“, am Wochenende ins „Sternradio“, „WMF“ oder in die „Panorama-Bar“. Meist mit Freunden, manchmal auch allein. „Ich bin sehr gerne allein unterwegs“, sagt sie. „Dann habe ich meine Ruhe, bin flexibler, kann hingehen, wohin ich möchte.“

*Nach einem anstrengenden Promotiontag wollte ich nur noch feiern und ließ mich im „90 Grad“ in der supersüßen Gesellschaft von Hannes und seinem Kumpel abfüllen. Nachdem ich zu Hannes gesagt habe, ich würde ihm den Rest des Abends hinterherlaufen, um heute nach Hause zu finden (er wohnt in derselben Straße wie ich). Wir sind bei ihm im Bett gelandet. (20.3.1999)*

Es ist vier Uhr morgens. Leila wechselt ins „Casino", einen Club in Prenzlauer Berg. Mit steigendem Alkoholpegel werden ihre Bewegungen immer ausgelassener. Sie steht mittlerweile mit entrücktem Blick auf der Tanzfläche. Ihr hautenges T-Shirt ist nass vor Schweiß, ihre Hüfte kreist im Takt der House-Klänge. Sie winkt einem großen, gut aussehenden Typen zu. „Auf den bin ich schon lange scharf", sagt Leila. „Wenn ich den sehe, werde ich zu einer wandelnden Pfütze."

*Ich liege im Bett und höre „Kashmir" von Led Zepplin, ein Hochgenuss. Ich bin gestern früh schlafen gegangen statt irgendwohin. Aber heute! Alex hat Geburtstag, DJ Eric D. Clark ist in der Stadt, die „Kommandatur" räumt ihre Vorräte, Olli arbeitet an der Bar und mir ist so richtig nach Party zu Mute! Ich erstatte dann morgen Bericht über diese phantastische Nacht, ruhmreich, betrunken und von Drogen bescheppert, mit Blasen an den Füßen, Knutschflecken, Kratzern und einem ausgewachsenen Kater vom Spaß haben … (22.5.1999)*

An der Tür im „Casino" arbeitet Kathleen, Leilas beste Freundin. „Privat ist Leila ein unheimlich lieber und intelligenter Mensch. Manchmal überrascht sie dich mit Rhabarberkuchen oder backt dir Plätzchen", sagt sie. „Aber wenn andere dabei sind, erkennt man sie kaum wieder. Sie ist wahnsinnig arrogant und oberflächlich, ein Glamourgirl, das immer im Mittelpunkt stehen will. Wenn eine Party in ihren Augen schlecht war, kann man sicher sein, dass sie nicht genügend beachtet wurde."
Die meisten Frauen, die nachts in den Clubs abhängen, können Leila nicht leiden, weil sie so arrogant ist. „Sie sind neidisch und eifersüchtig", meint Kathleen. „Leila lässt jeden spüren, dass sie frei ist und keine Verpflichtungen hat. Sie ist in diese fiktive Welt hereingewachsen, weil sie schon mit 15 Jahren machen konnte, was sie wollte. Sie genießt ihre Freiheit und zeigt das jedem. Viele kommen mit dieser Arroganz nicht zurecht."
Leila selbst steht dazu. „Die Leila der Partyszene ist eine Kunstfigur", sagt sie. „Wenn ich immer ehrlich wäre und mein Innerstes nach außen kehren würde, könnten meine Gefühle viel schneller verletzt werden. Und ich hätte nichts mehr, was mir gehört."

*Ich will feiern! Heute – bis die Sonne scheint und ich nicht mehr kann. Nach Hause auf allen Vieren ins Taxi, die Contenance verlieren. Nicht mehr wissen, wann ich nach Hause kam und nicht allein aufwachen! Knutschflecke, Scheuerstellen, Blasen an den Füßen und einen Kater!!! (24.5.1999)*

Was sie fasziniert an ihrem Leben in der Partyszene? „Ich liebe Musik, höre mir gerne verschiedene DJs an. Außerdem bietet dieses Leben so viele Möglichkeiten, verschiedene Menschen kennen zu lernen. Ich will Spaß haben und unterhalten werden."

*Heute ist Musik annähernd das Bedeutendste in meinem Leben. Ich brauche Musik als den Rhythmus, nach dem ich lebe; den Takt, in dem mein Herz schlägt; als den unerlässlichen Soundtrack zu der Party, die mein Leben ist. Wie kann ich wissen, was geschieht, wenn ich keine Musik höre? Musik ist das emotionalste Medium, das es gibt. Melodien sind ausdrucksstärker als tausend Worte. Ein Mensch, der einem anderen das vermitteln kann, was er denkt und fühlt, indem er Töne zu Melodien jeder Art zusammenfasst, ist meiner Meinung nach sehr nahe bei Gott. Gott ist ein DJ oder ein Komponist, davon bin ich fest überzeugt. Wenn heute Westbam oder BT im Studio Tracks ausbrüten, die mich an Sex denken lassen, deren Beats für Momente meinen Herzschlag überflüssig machen, die mich wie ein Flummi durch die Gegend springen lassen oder mir sofort Appetit auf Alkohol machen, dann kann ich darin ein himmelschreiendes Talent entdecken. Der Musik aus dem Computer wird nachgesagt, sie sei kalt, unemotional. Eine glatte Lüge! (20.6.2000)*

Oberflächlich findet Leila ihr Partyleben nicht. „Klar gibt es viele falsche und oberflächliche Menschen in der Szene“, gibt sie zu. „Man muss halt selektieren. Man merkt sehr schnell, auf wen man sich verlassen kann und auf wen nicht.“

*Lexy und Leila lachend auf dem DJ-Pult, sich mit Sekt begießend, understated gedresst, eng umschlungen auf und ab hopsend, seine Hand in meinen Taschen, meine Hand in seinen Haaren, Lexy und Leila knutschend auf dem DJ-Pult im „Casino“! Ich auf dem Weg zur Bar, Lexy an seiner Gürtelschnalle hinter mir herziehend – Mann, was hatte ich Spaß! (19.8.2000)*

Es ist sechs Uhr morgens. Leila torkelt aus dem „Casino“ auf die Straße. Sie nimmt sich ein Taxi, fährt nach Hause in ihre Wohnung im benachbarten Stadtteil Friedrichshain.
Eine weitere Nacht ist vorbei. Doch morgen wartet schon die nächste auf sie.

# 3. Kapitel

## Promis und VIP-Partys

Wenn ein Star in der Stadt ist, ist Leila oft nicht weit. Mit George Clooney, Ice Cube und David Bowie hat sie schon gefeiert. Und auch der eine oder andere deutsche Prominente lässt sich in den Szene-Clubs Berlins von Zeit zu Zeit blicken.

*Eine Woche, in der ich nichts außer Party gemacht habe. VIP-Party im „WMF". Wesley Snipes war da. Habe getanzt, und plötzlich war er neben mir. Ich war schon ein bisschen beschickert und habe mit ihm geflirtet. Weil ich Lust auf Eis hatte, sind wir zu ihm ins „Four Seasons" gefahren. Wir haben den Sonnenaufgang über dem Gendarmenmarkt auf seiner Dachterrasse beobachtet – es war wunderschön! Bis fünf Uhr morgens haben wir geredet, Salat geteilt, Joints geraucht und Yoga gemacht. Es war unheimlich gut, gar nicht groupiemäßig. Wesley sah sehr sexy aus mit seinem nackten Oberkörper. Der hätte mich gepoppt, wenn ich's gewollt hätte, aber darum ging es ja gar nicht. (5.6.1998)*

Berlinale, Love Parade, Goldene Kamera – in Berlin gibt es genug Anlässe, die die Schönen und Reichen in die Spree-Metropole locken. Wo man sie trifft? „Im VIP-Bereich natürlich", sagt Leila.
Sie ist sich des Privilegs bewusst, das sie genießt: „Andere Frauen warten ihr Leben lang darauf, endlich mal einen Prominenten kennen zu lernen. Und für mich ist es gar nichts Besonderes mehr, weil ich Zugang zu den VIP-Lounges der Clubs habe."
Sie kennt die Leute, die die Partylisten schreiben. Und sie weiß, wie man auch auf Partys gelangt, zu denen man nicht eingeladen ist: Zum Beispiel, indem man einfach mit hoch erhobener Nase flotten Schrittes an den Türstehern vorbei stolziert ...

*Bin gestern ganz ahnungslos zur Berlinale-Party ins „90 Grad" gegangen – als Einzige in Jeans! In der VIP-Lounge wurde ich Nick Nolte und Sean Penn vorgestellt. Die haben Champagner gebechert und sich mit Plastikbällen beworfen. Wir haben uns über Berlin und Understatement unterhalten. Ich glaube, die sind richtig froh, mal normale Leute kennen zu lernen, die nicht hysterisch kreischen. (22.2.1999)*

Während der Berlinale 2001 traf Leila im „Cookies" Jude Law („Der talentierte Mr. Ripley") und Kate Moss. „Sie sah mit ihrem Bubikopf-Schnitt und dem Flanellfetzen mit Fledermaus-

ärmeln etwas obskur aus", erzählt Leila. „Auch über ihr kleines Bäuchlein spekulierten alle: Hat sie zugenommen oder ist sie schwanger?"
Das Super-Model habe ausgelassen getanzt und dem DJ immer wieder zugelächelt. Später sei sie mit einem anderen Mann auf der Toilette verschwunden. Jude Law habe den ganzen Abend das Geschehen aus einer Ecke verfolgt, sich hinter seinem Bodyguard versteckt.
Leila hält es für aufdringlich, wenn alle die Stars angaffen als wäre man im Zoo. „Alle wollten in ihrer Nähe sein", sagt sie. „Da wollte ich mich nicht einreihen. Die Armen müssen sich doch auch mal in Ruhe amüsieren dürfen!"

*Schatz, August Diehl („23") hat zwei Preise beim Deutschen Filmpreis bekommen. Bester Hauptdarsteller in Gold und bester Nachwuchsschauspieler. Auf der Afterparty habe ich ihn gerade noch hinausgehen sehen. Zwar sah er etwas kurios aus (oranger Wickelrock?), aber sowas von supersüß, auch wenn er vermutlich betrunken war. Obwohl ich immer noch der Meinung bin, dass es nicht so schwer sein kann, diesen Engel aufzutreiben, denke ich, dass diese Kette von Ehrungen es um einiges erschwert. Langsam bin ich am Ende meiner Weisheit angelangt und mir muss jetzt jemand helfend unter die Arme greifen ... (19.6.1999)*

Auch Schauspieler Alexander Scheer („Sonnenallee") hat es Leila angetan. Sie traf ihn bei der Love Parade 2000 im „Kings Club“, fand ihn süß, irgendwann kam man ins Gespräch. „Er sagte: ‘Du bist wunderschön, mit Dir möchte ich sprechen!’, und ich habe geantwortet: ‘Wer bist Du?’ Das scheint ihm offensichtlich so gut gefallen zu haben, dass wir die ganze Nacht knutschten und uns dann für später verabredeten. Leider habe ich das Date verschlafen!“

*Film-Premieren-Party im „WMF“. Benjamin Boyce von der Boygroup „Caught in the act“ war auch da. Ich wusste erst gar nicht, wer das ist! Wir haben zusammen getanzt, gefeiert, und er hat mir erzählt, dass er eigentlich auf Rockmusik steht. Er wollte mich abfüllen und nach Hause bringen, hat mich nach meiner Telefonnummer gefragt. Hat er aber nicht bekommen. (2.11.1999)*

Götz Otto („Der Morgen stirbt nie“) und David Bennent („Die Blechtrommel“) traf sie im September 2000 bei einer Modenschau in der Galerie La Fayette. Marcello Masturbani stellte sie den beiden Schauspielern vor. Sie setzte sich zu ihnen, plauderte. Später trug Götz Otto sie auf seinen Händen ins „Newton“. Leila trank zuviel Wein und knutschte mit David Bennent. „Nette Jungs“, sagt sie.

*Habe gestern im „Cookies“ einen Darsteller von „Gute Zeiten, schlechte Zeiten“ kennen gelernt.*

*Eine tolle Schnitte, aber leider viel zu sehr von sich überzeugt. Er nagelte mich mit seinen intensiven blauen Augen förmlich an die Wand und gab mir einen Drink aus. Überrascht war er, als er mir seine Hand auf den Po legte und feststellte, dass ich keine Unterwäsche unter meinem kurzen Kleid trug ... Er lockte mich und eine Freundin mit Champagner in seine schicke 4-Zimmer-Wohnung in Mitte. Irgendwann landeten wir in seiner Badewanne, ich in High Heels und halterlosen Strümpfen, die anderen beiden nackt ... Schaum verschmiert schlug er vor, wir könnten ihn doch rasieren, was wir prompt und ohne Scham taten! Später schmusten und massierten wir uns in seinem Bett. Auf Sex mit ihm hatte ich allerdings keinen Bock ... (12.6.2001)*

# 4. Kapitel

## Warum Favoritenschnitten besser sind als One-Night-Stands

Zum Spaß haben gehört auch guter Sex, findet Leila. Mit Männern, die sie erotisch findet. Und witzig. Die sie anmachen und zum Lachen bringen. Das ist wie ein Spiel für sie: Wie schnell kriege ich ihn herum? Wie mache ich ihn schwach?
Schon als sie 16 war, schrieb sie in ihr Tagebuch:

*Weißt du, manchmal habe ich Angst vor mir selbst. Meinen Gedanken. Meinen Bedürfnissen und meinen Wünschen. Ich frage mich, ob jemand weiß, wie oft ich an Sex denke. Ich glaube niemand. Ich halte Sex für die süßeste Sache überhaupt. Und wenn Mom zehnmal meint, ich sei zu jung dafür. Ich glaube, ich habe inzwischen genug Erfahrung, um zu wissen oder zu ahnen, wie ich es brauche. (7.11.1993)*

Später ging es dann rund. Ihren ersten One-Night-Stand hatte Leila mit 15, weitere folgten. Irgendwann hat sie aufgehört zu zählen. „Die gut aussehenden Jungs sind meistens am schlechtesten im Bett", sagt sie. „Komisch, nicht?"

*Im „Royal dancing" schnappte ich mir den süßesten Boy, der in dem Laden zu finden war. Er hieß Arnim und besaß eine Menge Sexappeal. Nach 20 Minuten verzogen wir uns nach draußen. Wir verbrachten eine Nacht im Sturm ... und mit mindestens sieben Gummis. Also, das war mein erster One-Night-Stand. (23.7.1993)*

*Es lief genauso, wie man sich One-Night-Stands vorstellt, und endete mit einem flüchtigen Kuss an der Tür und mehreren Tagen voller Selbstvorwürfe und Zweifel, weil er es geschafft hatte, mich flachzulegen und mir das auch zu verdeutlichen. Er hatte mich klargemacht und nicht ich ihn. Nico, Smaragdaugen und tiefschwarze Haare. Montag kam ich dann mit Knutschflecken übersät eine Stunde zu spät zur Schule. (28.6.1999)*

*Tja, Eric, der Fick des Jahrhunderts! Da war also dieses Babe in meinem Bett, so verschwiegen und geheimnistuerisch – und sooo cool ... Er küsste mich und zog mich aus – was für eine komische Nummer. Und so lecker, stille Wasser, das hatten wir ja schon mal. Ich habe beschlossen, ein Buch über männliches postkoitales Verhalten zu verfas-*

*sen – Eric war wieder so ein Fall: Erst der Coole (ganz im Ernst, ich glaube, er muss noch einiges lernen, zum Beispiel Verbalerotik!) und plötzlich legte er den Kopf in meinen Schoß und zog mich in seine Arme. Eric, DU warst gut für mich, meine Laune, meinen Sexappeal, bin wieder gut gelaunt! (16.12.1999)*

*Was tue ich denn da? Ne Sammlung aufmachen? Ich habe Ray erlegt, wir sind uns in die Arme gelaufen bei Cookie, und bevor er wieder flüchten konnte, habe ich ihn gefragt, ob er mich mitnimmt. Er kaufte an der Tanke eine Flasche Champagner und ließ sich mit mir auf der schwarzen Ledercouch nieder, ich wanderte auf seinen Schoß und wir über das Sofa und schließlich über das riesige Bett. Na gut, viel weiß ich nicht mehr, aber ich glaube, es war eher sanft. Dann wachte ich mittags auf, er ging zum Bäcker und kam wieder ins Bett, wo wir auch den ganzen Tag blieben. (30.12.1999)*

Auf der Piste ist Leila immer auch auf der Jagd. „Nachtclubs sind wie Museen", findet sie. „Ich gucke mir Männer gerne an, hole mir Appetit. Aber ich schlafe nicht mit jedem."
Am liebsten geht sie mit Männern ins Bett, die sie schon länger kennt, die sie mag, mit denen sie gerne flirtet. Da weiß sie, was sie kriegt, die Fronten sind geklärt. Keine Verantwortung, keine Schuldgefühle. Selten bleibt es bei einem Mal, denn „ein bisschen Verliebtheit ist

bei meinen Affären eigentlich immer dabei", sagt Leila. „Ich schlafe nur mit Männern, die mich auch als Person interessieren." Mit Hannes zum Beispiel, oder Oli oder Sascha, ihren Favoritenschnitten ...

*Vor zwei Wochen, in der Halloween-Nacht, hatte ich erneut einen Zusammenstoß auf dem Klo des „Glashauses" mit Hannes. Er hatte es geschafft mich mit einem dummen Vorwand aufs Klo zu entführen und begann, mich auszuziehen und zu küssen. Ich hätte ihm sein Hemd fast vom Körper gerissen und schaffte es, ihm ungefähr fünf Kleidungsstücke von Gucci auszuziehen. Trotz der Tatsache, dass ich mich wie wild gewehrt habe, ist es ein komisches Erlebnis gewesen. Es war, als ob wir in der Schule auf dem Klo geraucht hätten: heimlich, verstohlen und glücklich, ein Geheimnis miteinander zu teilen. (17.12.1998)*

*Da ist wieder das Ding mit dem In-die-Knie-gehen beziehungsweise In-die-Knie-zwingen. Wie viele Männer haben mich nur anfassen dürfen, weil ich wissen wollte, wer vor wem in die Knie geht ... und mit wie vielen davon ich gekuscht hab – keiner oder höchstens einer oder zwei. Und war einer dabei, bei dem es auf beiden Seiten gleich stark war? Ja, eventuell Oli. Stell dir vor, beim „Kings Club" fragte er mich, ob ich mit zu ihm käme. Wir tranken Champagner, koksten und knutschten auf Olis blankem Boden rum. Irgendwann waren wir dann in seinem Bett angekom-*

*men und siehe da ... er fühlte sich gut an (überall! Ich schwör's) ... (22.2.1999)*

*Wie verrückt, dass mir erst durch den krassen Gegensatz zu Oli deutlich wird, wie krank das ganze Ding mit Hannes ist. Trotzdem mag ich es. So ein richtiges Großstadtneurotiker-Clubkid-Ding. Sex mit ihm ist ein Machtspiel: Wer unterliegt wem? Ich muss sagen, das Gefühl, das mein Herz höher schlagen lässt, wenn er zu mir kommt, ist Triumph. Oli ist jedoch kaum zu toppen. Er hat eben Hirn und ist kein durchgeknallter kleiner Junge mehr. Er hat den (so verflucht seltenen) Grips, der ihn für mich kommunikationswert und erotisch (Intelligenz ist sexy) macht. Ich hoffe, dass ich mich nicht in ihn verliebe, denn das würde das Gleichgewicht zwischen uns durcheinander bringen. (31.3.1999)*

Der Kick liegt für Leila darin, den anderen schwach zu machen, „ihn in der Hand zu haben. Es ist wie ein Kampf: Wer von uns ist der Stärkere? Wer läuft wem hinterher?"
Sie sucht sich die Typen aus, mit denen sie nach Hause geht, nicht andersherum.

*Gestern Nacht haben Hannes und ich unsere Großstadt-Neurotiker-Liaison auf dem „Kalkscheunen"-Klo wiederbelebt. Seine Freundin traf ich fünf Minuten, nachdem ich ihren Freund auf der Toilette ausgezogen und in die Knie gezwungen hatte, an der Tür vom „WMF". Wenn du wüsstest, Baby ... (14.12.1999)*

*Mein „Cookies"-Abend war sehr nett: Ich habe entdeckt, dass Amaretto wie Küsse schmeckt, Küsse, aber besser. Ich habe Pepe küssen wollen und es auch getan, weswegen er ziemlich Stress mit seiner (sehr süßen) Freundin hatte. Mir egal, nicht mein Mann, aber es bleibt ja auch ihrer... wir waren sturzbetrunken und sehr, sehr dreist ... gut! Was noch? Ach ja, ich bin mit Nikolai gegangen und wir haben rumgeknutscht und ein bisschen gewerkelt ... na ja, ziemlich blau eben. Nikolai und ich haben sein Hotelzimmer etwas belebt und waren dabei so laut, dass wir den ganzen Hotelflur zusammengebrüllt (!) und die Betten auseinander geschoben haben, um lachend unversehens auf dem Fußboden zu landen – natürlich zwischen den Betten!*
*Und dann noch Hannes und Leila auf der Toilette. Mit einem unvergleichlichen Lächeln und sehr selbstverständlich hat er mich aus meinen Sachen gewickelt ... ich habe mich nicht gewehrt, mit Vergnügen zugelassen, was mir den Kick überhaupt gibt – dass Hannes vor mir auf die Knie geht ... Mehr sweet als sexy war es, so vertraut ist er mir. Dennoch wüsste ich gerne, was er denkt ... nur eine Sekunde. Wie er mich auf den Rücken küsste und meinte, er hoffe, ich tue dies nicht mit jedem! (19.11.1999)*

Ohne Kondom läuft bei Leila gar nichts. „Ich bin doch nicht verrückt", sagt sie. „Dazu habe ich viel zu große Angst vor Aids." Mehrmals hat sie schon einen Test gemacht, wenn das

Kondom geplatzt war oder sie einen festen Freund hatte – immer mit negativem Ergebnis.

*Und dann war da noch Oli! Wir haben uns Dienstag gegenseitig abgeschleppt und viel Spaß gehabt. Ich habe auf dem Tresen getanzt, mit Oli Hals über Kopf auf Sofas herumgelegen, gelacht, getanzt und in Telefonzellen herumgeknutscht. (26.11.1999)*

*Heiligabend suchte ich Sascha auf, der relaxed zu Hause einen Joint geraucht und den Champagner kalt gestellt hatte. Wir küssten uns und ich ließ mich ganz einfach fallen, und plötzlich ertappte ich mich dabei, nur noch zu wünschen, endlich – bitte – gevögelt zu werden! Wir tobten über sein Bett … (24.12.1999)*

*Im Bett mit Sascha, am Neujahrstag … Bis um sechs Uhr abends hatten wir ungefähr sechsmal Sex miteinander. Dienstag im „Cookies" traf ich Eric. Ich fragte ihn ganz dreist, ob wir jetzt gehen würden, was ihn zuerst etwas fassungslos machte, aber zog. Ich schaffte es, ihn mit zu mir zu schleppen, wo er sich dann mit Mütze (!) über mich hermachte.*
*Einen Tag später habe ich im „Cookies" Hannes getroffen. Wir standen nebeneinander, als er sich nebenbei herüberbeugte und meinte: „Ach übrigens, ich habe kein Aids!" Verblüfft konterte ich: „Und du wirst auch nicht Vater!" STRIKE! Wir diskutierten Lifestyle-Fashion-Victim-Fragen und*

*versprachen, uns später im „WMF" zu treffen. (6.1.2000)*

Wenn andere Frauen sie als Flittchen beschimpfen, dann zuckt Leila nur mit den Achseln. Denn warum sind Männer tolle Hechte, wenn sie Frauen flachlegen, aber Frauen immer Schlampen, wenn sie das Gleiche tun? Schließlich gehören immer zwei dazu. Und wenn beide Spaß haben, dann ist das absolut okay, findet sie.

*Letzten Dienstag habe ich mich von Oli erlegen lassen. Wie immer technical perfekter Sex mit Schreien, Kratzen, blauen Flecken ohne Ende und am Schluss zwei nach Luft schnappenden, schweißverklebten, ineinander verknoteten Leuten.*
*Sascha litt wohl an Sehnsucht – oder Notstand. Rief Sonntag an, um „hallo" zu sagen. Und Mittwoch, als ich gerade ruhte, platt von den Anstrengungen, die Sex mit Oli so mit sich bringen, um zu betteln, dass ich vorbeikomme. Ich ließ mich überreden und schlug meinen eigenen Rekord von zwei Männern in einer Nacht mit drei Jungs in 48 Stunden. (31.1.2000)*

*I got him on his knees! Ich möchte wetten, was passiert ist, raubt Hannes ganz schön den Schlaf. Wir liefen uns im wahrsten Sinne des Wortes im „Sage" in die Arme, er küsste mich, umarmte mich – und zwar genau um die Sekunde zu lange, die besagt, dass da was im Busch ist. Er nahm mich an die Hand und zog mich aufs Frauenklo. Mir war nach ihm, ehrlich, aber ich diskutierte mit ihm auf dem Klo herum. Eigentlich mehr, um es mir auszureden, als ihn davon abzubringen. Er ließ sich jedoch nicht davon irritieren und verlegte sich aufs Betteln – da steh ich ja drauf – womit er dann auch Erfolg hatte. Plötzlich hatte ich Lust auf ihn, auf diese Situation, diesen Kick, die rote Wand und das Dröhnen der Musik im Hintergrund. Er schaute mir fest in die Augen, nahm mein Kinn und küsste mich. Dann sah er mich an und zog mich an sich mit den Worten „Du bist die Frau mit dem geilsten Körper, den ich je angefasst habe!" Und dann habe ich ihn genommen! Ich lehnte ihn an die eisige Metallwand, küsste ihn und wir rissen uns synchron in hastiger Gier die Klamotten runter. Ich habe es echt gewollt, nicht nur diese glatte, braun gebrannte Haut, sondern das hier, auf der Toilette, mit dieser endlosen Vertrautheit, unser Lachen beim Küssen. Wir warfen unsere Klamotten auf den Boden, er riss mir die Spange aus den Haaren und vergrub seine Hand darin. Meine Hand kroch um seine Taille, diese glühende, duftende Haut, er lehnte nur mit den Schultern an der kühlen Wand, ich fuhr mit den Fingern sein Rückgrat hinunter, das Metall war warm … Nach Luft schnappend, schweißfeucht, hielten wir uns einen Augenblick umschlungen, er lehnte den Kopf zwischen meine Schulterblätter … so vertraut, ich konnte es beinahe anfassen. Ich drehte mich um, wir sahen uns in die Augen und küssten uns verschworen kichernd noch mal, bevor wir uns voneinander lösten. (3.9.2000)*

*Hannes' Besen unterhält ihn nicht, fast tut sie mir Leid. Sie hat echt keine Ahnung, wie er ist. Ich glaube, sie kennt sein Lächeln auf dem Klo nicht, diesen Blick, den er hat, wenn er den Gürtel aufschnallt. Weiß sie wohl, was er sagt, wenn er heiß ist? Aber um genau zu sein, interessiert es mich einen feuchten Kehricht, ob er sie betrügt, solange er es mit mir tut … (13.11.2000)*

Sex mit Frauen, mit mehreren Partnern, Fesselspiele – Leila ist offen für vieles. „Was man nicht ausprobiert hat, kann man auch nicht beurteilen", lautet ihre Devise. Daher nimmt sie die Gelegenheiten mit, die sich ihr bieten. Fazit: Sado-Maso muss nicht sein, mit erotischen Frauen schon eher ...

*Ich habe Probleme … ich müsste erst mal dafür sorgen, dass ich einen Job finde und mich kümmere um mein Leben und nicht um all die Kerle, die mir so im Kopf herumsteigen und eventuell nur ein Notnagel oder Ersatz sind. Ich meine, wie viele waren es seit Mike? Es waren einige … Und hat irgendwer einen bleibenden Eindruck hinterlassen?*
*Dann war da noch das Ding mit Ellen Allien, die mich auf der „Casino"-Toilette küsste und dann mit ihrem Lover ins Auto lud vor der fassungslosen „Casino"-Posse … wie die Kinder, wir zwei Wei-*

*ber, küssend auf der Frankfurter Allee vor allen Leuten.*
*Trotzdem denke ich an Mike. Wir haben jetzt ein paar Nächte mit Koks und viel Alkohol miteinander verbracht und im Bett rumgetobt, und ich weiß fast nichts mehr davon außer, dass es recht laut und gnadenlos war. So mit Anbinden und anderen Finessen ... (11.1.2001)*

Leila ist nicht immer so hemmungslos gewesen. „Wenn ich verliebt bin, dann will ich keine anderen Männer“, sagt sie. Doch da sie nach mehreren Enttäuschungen von festen Beziehungen erst mal die Nase voll hat, lässt sie nichts anbrennen. „Sex macht Spaß. Oft ergibt er sich, man flirtet, redet, geht miteinander ins Bett.“
Ein Freund habe kürzlich zu ihr gesagt: „Leila, du bist mehr Mann als jeder andere.“ Ob das als Kompliment gemeint war? Sie weiß es nicht so genau.

*Ich glaube, ich habe Frühlingsgefühle! Meine erste Orgie ... War gestern im „Tresor“, als ich irgendwann mit dem Lifeact und zwei Mädels, die ich nicht kannte, im Hotel des Sängers landete. Und dann in seinem Bett ... Wir stürzten uns übereinander, haben ihn fast in den Wahnsinn getrieben – Hände überall. Morgens mussten die beiden Mädels in die Schule, der Typ hat seinen Cousin angerufen und wir haben munter weiter gefeiert. War echt süß, weil es für alle das erste Mal und wir so unsicher waren. Schreit absolut nach Wiederholung! (3.5.2001)*

# 5. Kapitel

## Familienbande

Früher, als Leila noch ein kleines Mädchen war und mit ihren Eltern im Ostberliner Stadtteil Prenzlauer Berg wohnte, lange bevor die Mauer fiel und der Bezirk trendy und angesagt war, da hat sie von dem Leben geträumt, das sie jetzt führt. Verwöhnt werden wollte sie, bekannte Menschen treffen und teure Klamotten tragen. „Ich dachte, es wäre schön, so zu leben“, sagt sie. „Und das ist es ja auch.“

Vielleicht träumte sie davon, weil sie dieses Leben selbst nicht kannte. Ihr Vater war Schriftsteller mit Leseverbot und verdiente damals nicht viel.

In Leilas Küche hängt ein Foto, das sie im Alter von einem Jahr mit ihrer Mutter zeigt. Das war 1979. Ihre Mutter war gerade 20, ihr Vater ein Hippie vom Prenzlauer Berg mit langen Haaren – als Protest gegen seinen Vater, einen DDR-General.

Sie erinnert sich, dass oft Punks bei ihnen zu Besuch waren. Dass nächtelang diskutiert wur-

de, und getrunken. Und dass Texte gelesen wurden, die sie nicht verstand.
Sie erinnert sich auch an die andere Seite, die außer ihr niemand zu Gesicht bekam. Dass ihr Vater ihre Mutter verprügelte und sie mit anderen Frauen betrog. Leila: „Frauen, Bier, Exzesse – das gehörte eben dazu, wenn man ein wilder Untergrund-Dichter war."
Leila hasste ihr Leben in der DDR. Ihre Eltern standen unter Beobachtung, weil sie immer wieder Ausreiseanträge stellten. Einmal pro Woche mussten sie sich bei der Stasi melden.
In ihrer Klasse war Leila die Einzige, die ihre Freizeit nicht bei den Pionieren verbrachte. Oft kamen Lehrer zu ihr nach Hause, die sich Sorgen um sie machten. Leila: „Die ganze Schule wusste, dass wir nicht systemkonform waren, dass mein Vater Schriftsteller war und Leseverbot hatte. Er hat damals in dunklen Kellergewölben heimlich gelesen. Einmal wurde ich zum Direktor zitiert. Er fragte mich, ob ich hierbleiben wolle: Es gäbe tolle Kinderheime in der DDR."
Ihr Vater sei schon immer anders als andere Väter gewesen. „Er hat zwar Elektriker gelernt, weigerte sich aber, in diesem Beruf zu arbeiten. Ein geregelter Tagesablauf, das war nichts für ihn. Er schrieb lieber Gedichtbände", sagt Leila. Vielleicht habe sie das so beeinflusst, dass sie heute selbst nicht in der Lage sei, ein geregeltes Leben zu führen.
Ein normales Familienleben hat Leila nie ken-

nen gelernt. „Erst wenn ich bei Freunden erlebt habe, wie die Familie zusammen Abendbrot aß, habe ich gemerkt, was mir fehlte. Manchmal habe ich mir das auch gewünscht."
1984, als Leila sieben Jahre alt war, ließen sich ihre Eltern scheiden. Ihre Mutter heiratete einen palästinensischen Diplomatensohn und nahm Leila 1986 mit nach West-Berlin. „Ich erinnere mich noch an die ersten Süßigkeiten, die ich im Westen gegessen habe: Haribo-Tropicana", sagt sie. „Und unglaublich fasziniert war ich von den Streifen in der Zahnpasta. Ich habe die Tube aufgeschnitten, weil ich wissen wollte, wie die Streifen da hineinkommen."
Es folgten Jahre, in denen Leila zwischen zwei Welten hin- und herpendelte: zwischen ihrem Leben in West-Berlin, in einer großen Wohnung, mit Markenjeans, Nutella und viel Geld. Und dem Leben in Ost-Berlin, einer schäbigen Wohnung inmitten von grauen Häusern, aber Menschen, die sich um sie kümmerten. So wie ihre Oma.

*Ich kann mich nicht erinnern, dass irgendwann in meinem Leben mal keine Musik war. Ich bin mit Iggy Pop, David Bowie und Velvet Underground aufgewachsen. Meine Mutter sorgte dafür, dass ich gute Musik zu hören bekam, wenn sie mich fütterte, anzog und ins Bett brachte. Als ich ungefähr 12 war, war Prince mit all seinen Verrücktheiten mein Lieblingssänger, und er ist es auch heute noch. Meine Ma ging viel aus, mit ihren Jungs oder allein, und erzählte mir alles, was sie erlebte. Wir lebten allein damals, und ich glaube, es war die glücklichste Zeit meiner Kindheit. (27.6.2001)*

Als sie in die Pubertät kam, war es mit der Harmonie vorbei. Mit ihrer Mutter Cerstin kam sie immer weniger zurecht. Sie stritten sich über banale Dinge. Cerstin verbot ihr, Freunde mit nach Hause zu bringen, ihren Vater zu besuchen, abends wegzugehen. Sie schnüffelte in Leilas Tagebüchern und schlug sie, wenn sie darin gelesen hatte.
Leila: „Bis ich 13 war, hat sie mich antiautoritär erzogen, und plötzlich durfte ich gar nichts mehr."

*Meine Mutter hat mir eine Woche Stubenarrest gegeben, nur weil ich zehn Minuten zu spät gekommen bin. Meine Alten lassen in letzter Zeit zu wünschen übrig. Cerstin scheint sich vorgenommen zu haben, mich umzuerziehen. Solche Krämpfe scheint sie öfter zu haben. (23.7.1992)*

*Als ich nach Hause kam, las Cerstin gerade in meinem Tagebuch. Das gab ein Donnerwetter! Stubenarrest, Telefonverbot, Besuch darf ich nicht mehr kriegen. (27.8.1992)*

*Mom hat wieder auf mir herumgehackt. Immer hält sie mir vor, wie nett, perfekt und okay meine beste Freundin Cat doch ist und wie doof, unbegabt und faul ich doch bin. Meine Stimmung ist mies, ich hasse mich. Ich mag ja nicht besonders herausragend sein und auch nicht zum Vorzeigen schulischer Superleistungen geeignet, aber es ist einfach zu doof. Und ich habe auch keine Lust, mir alles von ihr wegnehmen zu lassen. Sie soll alles behalten, aber ich brauche meine Freiheit. Es gibt nur ein paar Dinge, die ich zum Leben brauche: meine uneingeschränkte Freiheit, Schokolade, Rock'n'Roll, meine Freunde und Jungs, Jungs, Jungs. (24.1.1993)*

Ihre Mutter sei damals einfach unglücklich mit ihrem zweiten Mann gewesen, der sie auch geschlagen habe und eifersüchtig auf sie gewesen sei, erklärt Leila heute das Verhalten ihrer Mutter. Sie habe ihr Unglück an ihrer Tochter ausgelassen, meint sie und bezeichnet diese Zeit ihres Lebens als „einzigen Psycho-Terror". Damals hat sie die Beziehung allerdings noch nicht so abgeklärt betrachtet. Als ihre Mutter ihr eines Tages nach einem Streit einen Kochlöffel um die Ohren schlug, war's endgültig aus.
Mit 16 stand Leila wieder vor der Tür ihres Vaters in Ost-Berlin und fragte, ob sie bei ihm einziehen könne.

*Hey Honey! Welcome to a new beautiful life! Ich sitze in der Schule, schwänze gerade die erste Stunde und muss unbedingt endlich schreiben. Ich wohne wieder bei Daddy und fahre jeden Morgen von dort aus zur Schule. Seit Sonntagnacht bin ich bei ihm und endlos froh, meine Mom los zu sein. Nachdem sie Samstag so ausgeklinkt ist (Kochlöffel), habe ich Sonntag meine Sachen gerafft. Ich fuhr zu Daddy. Er meinte, alles kein Problem. Wir pennten um zwei ziemlich glücklich ein. Ich jedenfalls war glücklich. Hoffentlich geht alles glatt. (16.11.1993)*

Tagsüber ging Leila nun ans Gymnasium Prenzlauer Berg. Doch lange hielt sie es dort nicht aus. 1200 Schüler und überforderte Lehrer, das war nichts für sie. „Ich war immer müde, weil ich nachts gefeiert habe", sagt sie. Sie schmiss die Schule kurz vor dem Realschulabschluss endgültig und stürzte sich ins Berliner Nachtleben.

*„Knaack", „Linientreu" – meine Erinnerungsdatei ist lückenhaft. Irgendwann waren wir am Alexanderplatz und ich bin nach draußen, um Luft zu holen und vielleicht etwas nüchtern zu werden. Melli und ich sind dann nach Hause, und ich bin sofort zum Klo – kotzen. Davon weiß ich nichts mehr, ab dem Rückweg vom Alex habe ich ein Blackout. Vermutlich psychisch verdrängt. Aber als ich aufwachte, war ich im Bett, fühlte mich, als ob ich einen alten Pelzmantel ohne Salz verspeist hätte und war noch unheimlich blau. Es war Weihnachten, ich konnte nichts essen den Tag lang und schwor noch halb im Schlaf dem Alkohol auf ewig ab. „Daddy?" – „Ja?" – „Nie wieder Alkohol …" Das war das Wort zum Heiligabend – den ich übri-*

*gens im „Knaack“ feierte – an das ich mich auch halte, zumindest die nächsten drei Monate! (28.12.1993)*

Leilas Leben in der Partyszene hatte begonnen. Ihr Vater Bert war damals nicht viel zu Hause. Nach der Wende hatte er einige Publikationen mit Erfolg auf den Markt gebracht und hat jetzt ein Café in Berlin eröffnet. „Er hat mir alles erlaubt und mich nie gefragt, ob ich einen Freund habe, Drogen nehme oder ob es mir gut geht“, sagt sie.
Da Mädchen wie Leila mit 16 so eine Chance nicht ungenutzt lassen, ging Leila abends in die Disko „Bunker“, tauchte ab in die Hardcore-Szene und probierte allerlei Dinge aus – Männer und Drogen.

*Ich sitze im Zug nach Hamburg! Mit 'nem Haufen Leute. Sascha (er soll in einer Disko in der Nähe von Hamburg auflegen) holt uns am Bahnhof ab. Oh Gott, meine Schrift. Wenn das jemand liest, der weiß sofort, was ich genommen hab. Koks. Es geht mir so dermaßen gut. Ich habe gute Laune, bin total ehrlich und freue mich auf die bevorstehende Nacht. Zum ersten Mal in meinem Leben kann ich nicht so schnell denken, wie ich schreiben kann. Einerseits habe ich voll Angst, in den Schnee zu fallen. Andererseits ist es egal. Ich fühle mich so gut, so wunderbar, irgendwie taub am ganzen Körper und doch hypersensibel auf jede Bewegung in der Luft.*

*Später: Na, mein desillusioniertes Baby? Wir fanden sehr gut ins „Secret" in Wedel. Eine Riesendisko, eine fette Anlage, eine Lightshow zum Hin- und Wegwerfen, spießige Klo- und Garderobenfrau, doofe Einlasser, aber echt süße Jungs. Es ist meinerseits etwas aus den Fugen geraten ... Sozusagen habe ich sehr unüberlegt gestern abend ein Paper genommen. Zusammen mit Koks ergab es vier Stunden ununterbrochenes Getanze und zwei weggeschwitzte Kilos. Ich hatte einen netten, unbezwingbaren Tanzkrampf, der vier Stunden anhielt! Die Jungs meinten, ich wäre von der Tanzfläche gekrochen. Weiß wie eine Wand, riesengroße Pupillen. Aber gut gelaunt! Um fünf Uhr war Schluss (Sperrstunde). Mehr oder weniger rausgeschmissen zogen wir sauer von dannen. Sauer über eine Stadt, die sich Welthafen und Kulturstadt nennt, aber nicht mal eine Disko hat, die um fünf Uhr noch aufhat. Genervt und gelangweilt fuhren wir 3 Stunden und 24 Minuten durch trostlose, öde Landschaften nach Hause, was uns allen schier endlos vorkam. Bei Nacht schien es schneller gegangen zu sein, außerdem ersparte man sich die Scheiß-Brandenburger-Mecklenburger-Landschaft. An der Friedrichstraße stieg ich aus und war um punkt ein Uhr mittags zu Hause. Ich duschte zwei Kilo Salz und Schweiß von mir ab, wusch mir die Haare und die Klamotten, zog mich aus und ging ins Bett. (14./15.1.1994)*

Heute hat Leila mit ihrer Familie nicht mehr viel zu tun. Ihre Mutter habe es als Affront

betrachtet, dass sie zu ihrem Vater zurückgezogen sei, und meldete sich drei Jahre lang nicht bei ihr. „Erst war ich erleichtert", sagt Leila, „dann traurig. Ich wollte sie schon gerne wiedersehen."
1996 meldete sich ihre Mutter per Telefon. Danach ging es besser, sie trafen sich, gingen zusammen in Diskotheken. Eher wie zwei Freundinnen, nicht wie Mutter und Tochter.

*Also, so einen schicken Tag hat sicher keiner außer mir verbracht. Wer geht denn schon am ersten Oktober mit seiner Mutter um halb zwei nachts ins „Madhouse"? Ich habe es gemacht und es war super. (3.10.1996)*

Inzwischen ist der Kontakt wieder abgebrochen, nachdem sie Leila des öfteren ihre Hilfe verweigert hat. Leila suchte in ihrer Verzweiflung Rat bei ihrer Mutter – vergeblich.
Leila fühlte sich im Stich gelassen, war wütend und enttäuscht. Doch mehr als ein Jahr später verraucht die Wut allmählich:

*Ich bin mit den Gedanken in letzter Zeit öfter mal bei meiner süßen Mom. Über ein Jahr ist das letzte Gespräch her, und es ist doch wieder Zeit, den Kreis zu schließen. Sie fehlt mir nicht so sehr als Mutter oder Autoritätsperson (war sie das je?), sondern als meine Freundin und Gefährtin in Zeiten, die mit mir kein anderer geteilt hat. (27.6.2001)*

Mit ihrem Vater Bert ist es anders. Vor fünf Jahren ist Leila bei ihm ausgezogen, weil sie endlich selbstständig sein wollte. Sie besucht ihn seitdem alle drei Monate mal, obwohl er keine zehn Minuten von ihr entfernt wohnt. Das Verhältnis ist freundschaftlich, aber unverbindlich. Sie reden über Leilas Erlebnisse, ihre Probleme mit Männern, ihre Partys.

Dass er ihre Mutter jahrelang geschlagen hat, hat Leila noch nie zur Sprache gebracht. „Wozu auch? Mich hat er ja nicht angerührt." Sie hat keine Lust auf Stress, geht Problemen lieber aus dem Weg. „Weil es eh nichts bringt", sagt Leila. Und fügt hinzu: „Er gibt heute zu, dass er kein guter Vater war. Warum soll ich ihm das dauernd vorwerfen?"

Lange hat Leila darunter gelitten, dass ihr Vater seine Gefühle schlecht mitteilen konnte. „Er zeigt seine Liebe dadurch, dass er mich nicht einsperrt und mir meine Freiheit lässt statt mir zu sagen, dass er mich liebt", sagt sie. Bert dagegen sagt: „Leila will gar keine Nähe. Ich habe mir oft Sorgen um sie gemacht, sie gedrängt, einen Schulabschluss und eine Berufsausbildung zu machen. Deshalb hatten wir oft Streit. Seit ich damit aufgehört habe, verstehen wir uns wesentlich besser. Wenn sie mich braucht, bin ich da."

Doch so recht weiß er gar nicht, was Leila so treibt in ihrem Leben. Vielleicht will er es auch gar nicht wissen. „Leila hat für sich eine Form gefunden, ihr Leben zu führen. Sie macht das,

was ihr Spaß macht, und das ist okay. Mir wäre dieses Leben jedoch zu oberflächlich."
Vielleicht haben sie nur nie genug geredet über das, was ihnen wichtig ist? Ein Gespräch hat die beiden einander wieder näher gebracht:

*Bert hat mir tatsächlich gesagt, dass er stolz auf mich ist. Ich müsse mir nicht von anderen Menschen vorschreiben lassen, wie ich zu sein habe. Ich dachte immer, er wäre enttäuscht von mir, weil die Kinder seiner Freunde studieren und hochambitionierte Karrieren als Akademiker anstreben, während ich nicht vorzeigbar bin und irgendwie auf Nightlife-Fame mache. Vielleicht haben wir endlich so etwas wie eine Vater-Tochter-Beziehung erreicht ... (12.7.2001)*

Bert weiß, dass Leila unter ihrer Kindheit gelitten hat. „Sie hat viel Knatsch erlebt. Die Trennung von ihrer Mutter macht ihr zu schaffen. Aber Scheidungen können auch Chancen sein." Schuldgefühle hat er keine. „Vielleicht hätte ich sie auf eine Schule schicken sollen, die mit ihrer flatterigen Art besser zurecht gekommen wäre?"
Leila hat inzwischen akzeptiert, dass ihre Familie anders ist als andere Familien. Wenn sie Hilfe braucht, wendet sie sich eben an ihre Freunde.
Zum Beispiel an Kathleen. Sie meint: „Leila hat sich damit abgefunden, dass sie nicht auf ihre Eltern zählen kann. Ihre Familie ist heute

das Nachtleben mit den Partys und den Szenegestalten."
Die einzige Verwandte, die sich ständig um Leila sorgt, ist ihre Oma. Weil sie keine Ausbildung hat, sich immer so unanständig anzieht und zu viel trinkt. Wo soll das mit dem Mädchen bloß hinführen? „Sie ruft mich mindestens einmal pro Woche an", sagt Leila. „Nur um zu fragen, ob mit mir wirklich alles in Ordnung ist."

*Omi und ich halten es ohne Streit nur zwei Tage miteinander aus. Dass sie meinen Vater so vergöttert, steht der Sache doch etwas im Weg. Es ist zwar süß, dass sie sich sorgt (angesichts der durchgehenden Katastrophen meines Lebens fast verständlich), doch sie weiß, wie ich lebe und dass ich damit sehr glücklich bin. Abgesehen davon tötet mich nach zwei Tagen die Langeweile in Greifswald ... Doch werde ich nach der Love Parade hinfahren für ein paar Tage. Zum Relaxen ... (12.7.2001)*

Weihnachten hasst Leila wegen ihrer schwierigen Familiensituation wie die Pest. „Mein schönstes Weihnachtsfest war vor einem Jahr. Ich war mit meinem Vater essen und danach auf der Piste. Dort hat mir jemand eine Ecstasy-Pille geschenkt mit den Worten: 'Viel Spaß noch und frohe Weihnachten'." Sie lacht, aber es klingt gezwungen. Vielleicht wäre Weihnachten gar nicht so schlimm, wenn sich ihre

Eltern wenigstens an diesen Tagen um ihre einzige Tochter kümmern würden.
Doch wenn sie die anderen Szenegestalten sieht, die im Porsche der Eltern herumfahren oder drogenabhängig sind, findet sie, dass sie noch ganz gut davongekommen ist. „Ich habe wenigstens keinen emotionalen Knacks. Bei uns wurde alles ausdiskutiert, deswegen fand bei mir keine Verdrängung statt.“

# 6. Kapitel

## Leilas Abgrund

Erst einmal war Leila richtig verliebt: in Daniel, ihre große Liebe. Daniel arbeitete als DJ ABYSS im „Tresor“, als sie ihn im November 1996 kennen lernte. Sie war 19, er 24.

*Cat und ich saßen in der kleinen Bar im „Tresor“, als ich plötzlich fast vom Hocker fiel vor Glück und Fassungslosigkeit, weil ein wunderschöner, in Leder gewandeter und lachender ABYSS durch die Tür kam, mich anlachte, „Hi“ sagte und weiterging. Als er zurückkam, hatte er eine Kopfschmerztablette in der Hand und so waren die ersten Worte, die ich an meinen abgründigen Märchenprinzen richtete: „Kopfschmerzen?“ – „Ja, die letzte Nacht war wohl ein bisschen lang.“ Ich war einer Ohnmacht nahe, als ich mit Cat durch den Laden lief, als wäre nichts geschehen, als wäre nicht gerade mein sehnsüchtigster Traum seit etwa drei Jahren in Erfüllung gegangen. Ich schleppte ihn zu Cat an die Bar und schrieb ihm meinen Namen mit Telefonnummer auf. „Schöner*

*Name", meinte er, mir über die Schulter schauend, als ich Leila schrieb. „Wie heißt du eigentlich?", nutzte ich meine Chance. „Daniel." (3.11.1996)*

Daniel. Drei Jahre lang hatte sie ihn angeschmachtet. 1993 hatte Leila sein Foto in einem Techno-Magazin entdeckt und an die Redaktion geschrieben, weil sie das Bild gerne haben wollte. Seitdem hing sein Foto an der Wand über ihrem Bett ...
„Daniel hatte es damals persönlich abgeschickt", sagt sie. „Und er hatte sogar seine Telefonnummer draufgeschrieben, weil er wissen wollte, wer ihn anhimmelte. Aber das habe ich leider nicht gerafft ..."

*Ich habe mich gestern mit Daniel getroffen! Donnerstagabend stand ein alter BMW vor meiner Tür, der einem gewissen DJ ABYSS aus FF/O gehört, mit dem ich seit drei Tagen einen ziemlich intensiven Anfang probe. Meine Bitten sind tatsächlich erhört worden. Er ist 24, hat er mich raten lassen, fährt einen BMW, liebt Jungle und will nach London ziehen. Er nimmt seit vier Jahren keine Drogen mehr und trinkt keinen Alkohol, weil er nicht trinkfest ist. Bei Kaffee und Kakao redeten wir sehr lange und flirteten ein wenig. Über ihn, mich, Musik, unsere Eltern, London und als es später wurde, auch über Gefühle und Nähe. Ich glaube, dieses zarte, schöne, scheue Äußere ist ein genauer Spiegel der Seele, denn er ist außer schön und reich auch noch klug und sehr scheu. Etwas ängstlich und zurückhaltend sind wir wohl beide, denn beide bewegen wir uns wie auf Glatteis. Er rümpft die Nase immer so niedlich, wenn er lacht, ich glaube, wenn er mich küsst, werde ich ohnmächtig. Er fuhr mich nach Hause und ich hätte ihn gerne geküsst, aber ich blieb cool und stieg mit einer Kusshand aus dem Auto. (8.11.1996)*

*Ich liege im Bett und höre Iggy. Vor drei Stunden bin ich von Daniel aus Frankfurt/Oder wiedergekommen. Ich glaube, Daniel und ich brauchen noch lange Zeit, um uns kennen zu lernen, denn eine so komplexe Persönlichkeit mit so vielen verschiedenen Facetten habe ich noch nie gekannt. Er ist so verschlossen und vorsichtig, was alles Persönliche, Gefühlsmäßige betrifft. So nüchtern und zielstrebig hinter dem her, was er will oder tut, dass es fast frösteln macht. Dann die Liebe, die in allem steckt, was er tut. Du kannst sehen, wie seine Augen zu leuchten beginnen, wenn es um Musik oder seinen Job geht. Dann noch das vollkommen Eiskalte, das nur Angst hat, warm oder weich zu werden, weil er dann verletzlich wäre. Er kann so kalt sein und trotzdem ist es nur Angst vor Nähe. Manchmal guckt er mir bei irgendwas, was ich tue, zu, auf eine Art, als wäre ich ein interessanter und neuer Käfer, den er erforschen will. Seine Zärtlichkeit hat etwas Furchtsames, Sehnendes, so verborgen, dass er es selbst kaum weiß oder glaubt. Manchmal glaube ich, ihn so zu sehen, wie er wirklich ist, und Momente später ist er ganz anders. (15.11.1996)*

*Daniel ist ein wunderbarer Mensch, ganz eigen in dem, was er tut, und trotzdem so voller sprühender Ideen in alle Richtungen. In knapp fünf Wochen sind wir uns so nahe gekommen, wie ich sonst noch keinem außer Cat war ... (22.11.1996)*

Doch nach einer euphorischen Phase der Verliebtheit meldeten sich erste Zweifel bei Leila. Denn Daniel meinte es offensichtlich nicht so ernst mit ihr, wie sie mit ihm. Er stand nicht zu ihr: In der Öffentlichkeit durfte sie nicht zeigen, dass sie zusammen sind. Wenn er abends ohne sie weggehen wollte, musste sie zu Hause auf ihn warten. Er verbot ihr, Alkohol zu trinken, Drogen zu nehmen, sich mit anderen Männern zu treffen. Wenn er Lust hatte, rief er sie an. War er schlecht gelaunt, meldete er sich manchmal tagelang nicht bei ihr.
Und Leila? Sie gehorchte, saß am Telefon und wartete auf seinen Anruf. Ein zermürbendes Psychospiel.

*Manchmal könnte ich an ihm verzweifeln. Von einer Sekunde auf die andere wechselt er die Persönlichkeit. Manchmal denke ich, dass wir kaputtreden, was da zwischen uns was werden könnte. Er verlangt, in meine Abgründe schauen zu wollen und schreckt dann entsetzt zurück, wenn er etwas entdeckt, was er nicht erwartet hat. Mit einem*

*Augenaufschlag bringt er mich dazu, ihm Dinge zu sagen, die bei mir einfach der Vernunft halber geheim bleiben sollten, und haut in intimsten Augenblicken irgendwelche Sprüche raus, die einfach nur sagen: Geh weg! Ich werde nicht schlau aus ihm. Tatsächlich ist mein Abgrund ein Abgrund, noch dazu einer mit Bindungsangst. (9.12.1996)*

*Obwohl ich manchmal das Gefühl habe, dass er mir das Herz brechen wird, habe ich alle Fallnetze abgebaut. Wenn ich jetzt falle, falle ich tief. Mein ABYSS ist in der Lage, mir wirklich etwas anzutun. Wir haben Differenzen, die mich fertig machen, weil ich spüre, dass er sich nicht fallen lässt beziehungsweise immer eine Hintertür offen hält. Dennoch ist er wohl Hals über Kopf in mich verliebt, sagt er. Ich habe Angst wie verrückt, dass er mir entgleitet, wegläuft, dass mir mein ABYSS zum Abgrund wird, in dem ich mich verliere. (25.12.1996)*

*Lange hatte ich keine Zeit, ich weiß, mein Engel! Daniel beschäftigt mich vollauf, nebenbei sollte ich außerdem noch eine Wohnung und einen Job finden. Cat und ich haben vollends miteinander gebrochen, und wenn ich es auch kaum verschmerzen kann, sie verloren zu haben, bin ich verletzt, dass sie mich ablegt wie ihren Christian oder einen alten Schuh. Obwohl ich um sie kämpfen möchte, will ich ihr aber auch nicht hinterherlaufen und um sie betteln. Die Situation mit Daniel spitzt sich zu.*

*Ich verliebe mich mehr und mehr in ihn, während er die Sache als Nebenbei-Tändelei abtut. Ich bin genauso, wie er sich seine Freundin nicht vorstellt, sagt er, unselbstständig, klammere mich an ihn und habe weder Persönlichkeit noch ein eigenes Leben. Die Wärme und Nähe, die er braucht, kann ich ihm nicht geben, außerdem, ach na ja … Er braucht eine gewisse Distanz, um Nähe zu wollen. Vielleicht war ich zu lieb, zu nachgiebig zu ihm, habe mich selbst zu sehr eingeschränkt, um ihn glücklich zu machen. (10.3.1997)*

Leila konnte keinen klaren Gedanken mehr fassen. Daniel, Daniel, Daniel, etwas anderes existierte für sie nicht mehr. Sie vernachlässigte ihre Freundinnen. Hatte keinen Spaß, wenn er nicht bei ihr war. Bekam jobtechnisch nichts auf die Reihe. Und wofür? Um himmelhoch jauchzend und zu Tode betrübt zu sein.

*Er ruft immer noch jede Nacht an, nennt mich immer noch „Mu" und sagt, dass er mich vermisst. Beinahe, als ob jene grauenvolle Nacht vor drei Tagen nicht gewesen wäre. Er saß mir mit einem Lächeln gegenüber und er kann nicht gewusst haben, was er mir antut. Sicher, ich hätte es wissen müssen und hab es auch gewusst, aber dennoch konnte ich nicht glauben, wie wenig er ahnte, dass er mich in seinen Abgrund fallen ließ, mit einem kalten Lächeln – na gut, ein klein wenig wehmütig war es auch, aber er zeigte kein Gefühl. Natürlich, er war es ja auch, der verließ, daher vermutlich die spärlichen Emotionen. Verlassen hat mich ABYSS, die Nacht verbrachte ich mit Daniel, mit meinem liebevollen, leidenschaftlichen, zärtlichen, verspielten und beinahe ebenso traurigen Daniel. Kein Gefühl ist intensiv genug empfunden in dieser Nacht, wir haben uns hastig und leidenschaftlich geliebt. (16.4.1997)*

*Ich könnte ihm niemals weh tun – niemals. Keine drogenvernebelten Dummheiten – niemals. Ich erkenne mich selbst nicht mehr wieder. Der Gedanke, mich von einem anderen als Daniel berühren zu lassen oder selbst jemanden zu berühren, verursacht bei mir Übelkeit und Ekel. So, wie es jetzt ist, fühlt es sich unwahrscheinlich gut an – unabhängig sein ist gut, ist wichtig, macht Spaß. Und jetzt ist er so viel lieber, zärtlicher, entspannter, es geht nicht mehr um seine Freiheit, sondern nur um seine Zuneigung. Wenn es so bleibt, dann ist alles gut. Es sind so viele Türen offen – alle! (24.4.1997)*

*Ich hab ihn so lieb und weiß nicht, wie ich gegen den Schmerz ankommen soll. Es tut so weh und ich kann es nicht aushalten, allein zu sein, ohne ihn! Aber Gesellschaft ist genauso schlimm, alle sind so glücklich und ich möchte nur heulen. Es wird warm, ich möchte tanzen, lachen, lieben. Aber alles ist weg, ich spüre die Blicke, aber sie nerven mich, ich möchte nicht angesehen werden, nicht lächeln als Dank für einen netten, anerkennenden Blick. Nur einen Blick möchte ich lachen sehen, nur eine Stimme soll mir sagen, dass ich gut aussehe. Daniel soll seinen Blick über mich gleiten lassen. Mein Herz hängt mit Unveränderlichkeit an dir. Lass mich nicht hängen – nicht fallen – es tut so weh! Hab mich lieb! (27.4.1997)*

*Daniel ist wieder lieb, wenn auch auf Abstand aus. Dennoch genieße ich unser Zusammensein unwahrscheinlich. Halt mich fest, ich habe Angst vorm Erwachsenwerden, meine Welt ist eine Achterbahn … (29.5.1997)*

Mehr als ein Jahr lang schrieb Leila in ihrem Tagebuch über nichts anderes als über Daniel. Über das ständige Wechselspiel zwischen Nähe und Distanz, mit dem er sie quälte.
In den guten Momenten öffnete sie sich ihm, ließ sich fallen und gab ihm sogar ihr Tagebuch zu lesen. Um es im nächsten Augenblick wieder zu bereuen, weil er es gegen sie verwendete.

*Seit einer Woche kein Wort von Daniel. Er ist nicht zu erreichen, seit er mich letzten Dienstag so angefaucht hat. Ich habe jedes Mal, wenn ich an ihn denke, einen Knoten im Magen. Habe mir solche Mühe gegeben, mich gebräunt und lauter geile Klamotten besorgt, neues Parfüm, neue Handtasche, neue Schminktechnik und neue Wohnung, neue Möbel, und ihm ist alles egal. Er arbeitet etwas zu viel momentan. Ich gehe viel aus, süchtig nach Musik, um nicht ohne ihn zu Hause zu sit-*

zen, vor lauter Sehnsucht nach ihm nicht irre zu werden. (23.6.1997)

Er liebt mich nicht, sagt er. Ich fehle ihm, es war wunderschön mit mir, wir hatten die beste sexuelle Beziehung, die er je hatte, ich war immer lieb zu ihm, aber er liebt mich nicht. Ich glaube, ich sterbe. Wie kann ich sein Kumpel werden, wenn sich bei mir alles zusammenzieht vor Verlangen nach ihm, wenn ich ihn ansehe? Ich weiß, dass er mich nicht liebt, aber es ist mir egal. Ich würde ihn anbetteln, dass er bei mir bleibt. Alles ist mir egal, außer dass er da ist. (25.6.1997)

Er rief mich an und fragte, ob wir ins Kino wollen. Ich dachte, ich fliege. Mein Gehirn war taub, ich wollte nur ihn sehen, ihn hören, ihn spüren und so sehr wollte ich ihm gefallen ... Als wir im Bett lagen, habe ich gezittert vor Angst, Glück und Aufregung. Wir klammerten uns aneinander, er küsste mich mit offenem Mund, bis ich dachte, ich schmelze ... (8.7.1997)

Was denkt er von mir? Warum? Ich bettele ihn am Telefon an, bitte aufzuhören; ich konnte mich beherrschen zu weinen, das wäre wie ein Schuldgeständnis gekommen. Er stößt mich von sich und ist verwundert, wenn ich nicht so schnell aufstehe und wieder nah genug für den nächsten Stoß komme. Ich werde vorsichtig, damit er mir nicht so weh tun kann. Er spürt meine Angst wie ein Hund, und beginnt genau dann zu beißen, darauf *bedacht, vor allem seine Haut zu retten. Eifersucht ist ein Zeichen von Liebe. Eifersucht ist Angst vor Vergleich und Angst vor Verlust. Die Angst, die Daniel hat, ist die, etwas zu viel zu empfinden für jemanden, der es nicht wert ist. Aber ist dieses Misstrauen nicht auch etwas Angst, mich zu verlieren? (14.7.1997)*

ER IST WIEDER LIEB!!! *Mein Daniel, du ahnst es nicht, wie glücklich du mich machst! (31.7.1997)*

*Es ist so verdächtig still. Er brütet was aus, nein, tut er nicht, er schweigt mich nur an. Vielleicht ist er nur sauer wegen „Tresor"-Freitag, vielleicht ist er nur desinteressiert oder auch nur beschäftigt. Ich verliere den Verstand, denke mir Gründe aus, tausendundeinen, um ihn anzurufen und verwerfe sie wieder. Wovor habe ich nur Angst? Schlimmer als Schweigen kann es nicht sein, was er mir auch sagt. (4.8.1997)*

*Daniel ruft allabendlich an und wir plauschen in sanften, vertraulichen Tönen, ich sage, dass er mir fehlt. Und er flüstert zurück, dass das schön wäre. Morgen Nacht habe ich Casting im „Tollhaus" für Planet Dance Pool. Ich bin fassungslos aufgeregt! (14.8.1997)*

*Daniel rief an um halb sieben, um zu gratulieren. Und wenn er auch müde war, war er misstrauisch wie immer. Unser 1-Jahres-Jubiläum verlief toll, er war sehr lieb zu mir und las mir alles von den Augen ab. Er traut mir nicht über den Weg, ist aber sehr lieb. 8 Uhr 52 – bin gerade 20 geworden. (13.10.1997)*

Mehr als ein Jahr war sie Daniel treu. Für Leila ein Indiz, dass sie wirklich verliebt war: „Wenn ich keine anderen Männer mehr wahrnehme, ist es ernst."
Doch als er es mit seinen Launen übertrieb und ihre Liebe Risse bekam, war sie auf einmal auch wieder empfänglich für andere Männer ...

*Ich liege in meinem Himmelbett, spiele mit dem Kater und frage mich, ob alles so korrekt ist, wie es soll ... Sonjas Party war okay, bis gegen zwei Uhr Alexander auftauchte – ein Freund von Brian und aufstrebender Jungschauspieler! Unverschämt gut aussehend, mit schwarzem Anzug und ungeheuer viel Ausstrahlung. Er schmuste mit Sonja rum und tanzte ziemlich gut. Ich konnte meine Augen gar nicht von ihm lassen. Wir tanzten zusammen – leicht bis sehr angetrunken – bis er vorschlug zu gehen, weil das Tanzen ihn ganz wild mache. Ich suchte meine Klamotten und ließ mich von ihm auf dem Treppenabsatz küssen. Ich bekam Lust auf mehr. Wir nahmen ein Taxi, um zu ihm zu kommen, küssten uns auf dem Rücksitz. Er faszinierte mich unglaublich. Er ist so verdammt schlau, was er für Bücher liest, wie er sich kleidet, wie er lacht ... unglücklich verliebt, verlassen, in New York gelebt, ängstlich, reduziert zu werden, gab er mir seine Modelmappe. Ich habe ihm vielleicht jede Anwandlung von Romantik abgewürgt, weil ich von Daniel erzählte. Er fragte, ob das für mich okay sei und sagte, ich solle „meinen DJ" verlassen. Hab mich nicht getraut, nach seiner Nummer zu fragen, bin vielleicht zu beeindruckt gewesen von der Gesamtperson Alexanders, dem Jungen mit dem Gucci-Gesicht, er sieht aus wie diese unglaublichen Jungs aus den teuren Designerwerbungen, mit der gleichen, berückenden Grazie und den traurigen Augen, die etwas zu suchen scheinen, wenn sie dich ansehen. Er fasziniert mich; ich werde probieren, ihn wiederzusehen, wenn ich auch im Moment noch nicht weiß, wie ich das machen soll. (3.11.1997)*

*Wo Daniel wohl steckt? Es macht mich unglücklich, nichts von ihm zu wissen. Sonntagabend ist eine zweite Abschiedsparty für Brian. Sonja sagt, Alexander wäre auch eingeladen. Nach Beratung mit Lilly, Anna und meinem Kleiderschrank werde ich in meinem schwarzen Catsuit dort auftauchen und die Lage bei ihm checken. Probiere, ihm zu verstehen zu geben, dass ich auch an ihm interessiert bin, als Mensch – Freund. Jemand, der mich fasziniert, den ich näher kennen lernen möchte. Ich möchte ihm sagen, dass ich ihn eine Woche nicht aus meinem Kopf gekriegt, ihn in jeder Zeitung gesehen habe. Ich möchte ihn gern mal spielen sehen, er soll gut sein, hab ich gehört. Er kocht einen guten Kaffee und trinkt stilles Wasser … selten. (6.11.1997)*

*Das mit Alexander hängt in der Luft. Wir werden sehen ... „Man sieht sich immer 2Mal?" Na hoffentlich bald. (12.11.1997)*

Trotzdem dauerte es, bis Leila endgültig von Daniel loskam. „Ich habe mich von ihm erniedrigen lassen, mich seinen Launen angepasst, um seine Liebe gebettelt. Und er hat mir immer nur in den Hintern getreten", sagt sie heute. Wie sie das aushalten konnte, weiß sie auch nicht. „Ich glaube, ich stehe auf Arschlöcher. Ich war einfach wahnsinnig verliebt in ihn und habe gar nicht gerafft, was er mir angetan hat."

*Das Problem ist nicht, dass er die Hosen anhat, sondern wie er sie trägt. Und dass ich zu viel erwarte und denke ... und hoffe. Doch vielleicht lerne ich irgendwann, ihn zu verstehen, dann brauche ich nicht mehr seine „Schläge" lächelnd einzustecken und zu schreien, wenn er fort ist. (30. 11.1997)*

*Liege wach im Bett herum und mache mir Gedanken um die Geschenke für meinen lieben Daniel, meinen gestern erfolgten zweiten Aids-Test, das Kinderkriegen und über das Wort Trefferquote! Daniel ist äußerst lieb, hoffnungslos überarbeitet und misstrauisch wie immer. Cat hat endlich Tom verlassen, Ryan beißt sich an mir die schönen Zähne aus. Trotz allem bin ich eigentlich sicher, weder schwanger noch sonst was zu sein. (23.12.1997)*

*Manchmal glaube ich, dass niemand wirklich ermessen kann, was mir Daniel bedeutet. Weder Cat, die mir ständig erzählt, wie das alles noch weitergehen soll, noch Anne, die meint ich hätte es verdient, vergöttert zu werden. Ich bin so einsam, viel zu viel alleine, zu stolz und zu schlau zum Betteln. Es macht mich wahnsinnig. Manchmal denke ich, dass ich es nicht mehr aushalte, dass ich so nicht weitermachen kann. (5.2.1998)*

*Kannst du dir vorstellen, wie ich mich gefühlt habe, am Alex, in der Telefonzelle mit dem Hörer in der Hand, so feige und ängstlich, dass ich beim ersten Klingeln eingehängt habe? Ich dachte nur, das bist nicht du, Leila, die sich nicht traut, den Jungen, mit dem sie seit eineinhalb Jahren liiert ist, nachts um vier Uhr anzurufen und ihn zu fragen, ob sie ihn sehen kann. (26.2.1998)*

*Gerade las ich die Einträge von 1996 und mir fiel auf, wie sehr ich mich geändert hab. Vielleicht war ich noch zu jung, so jung, gerade 19. Aus Daniel wollte ich nur den „Fick des Jahrhunderts" machen, obwohl ich mich nach Liebe sehnte. (1.3.1998)*

*Was ist geschehen? Ich war viel unterwegs, hab zur Abwechslung mal die Geduld gehabt zu warten, bis Daniel kommt. Und dann, ja, da ist ein neuer Mann in meinem Leben. Zum ersten Mal sind wir uns im „Matrix" begegnet. Tom, der mich gleich großspurig mit „Na, Schätzchen, wer bis du denn?" begrüßte, fand ich sofort sehr cool, sehr drauf, ungeheuer gut aussehend, buchte ihn jedoch als vom anderen Ufer ab. Nun, auf jeden Fall hat er mich vom ersten Moment angeturnt. Dann traf ich ihn im „Sage". Donnerstag im „Tresor" bei Väth und ging extra auf die „Typonight", um dort IHN zu treffen. Mich faszinierte seine Art, sein Habitus ist der eines Menschen, der genau weiß, was er kann und wer er ist. Auf der „Glashausparty" sah ich aus dem Augenwinkel heraus, wie er mich ansprang und abknutschte. Verblüfft über diese Attacke machte ich erstmal mit und landete mit diesem prächtigen, schwarz gewandeten, sehr breiten Mann auf meinem Schoß auf einem Sessel auf der Tribüne. Wir knutschten und turtelten und ich begann mich zu fragen, was das werden sollte. Schließlich entlockte Frederico ihm das Geständnis, er sei zumindest bi. Wir turtelten offener, bis Marcello, Jürgen und Frederico ins „KitKat" wollten. Tom versprach mir nachzukommen und gab mir als Sicherheit seinen Wohnungsschlüssel. Aufgeregt und verwirrt fuhr ich vor. Ich saß eineinhalb Stunden im „KitKat", drehte den silbernen Schlüsselanhänger in den Fingern und wartete, wobei ich mir darüber klar zu werden versuchte, was das werden sollte. Sex? Zumindest guter Sex, lieber aber was anderes. Als er kam, hielten wir Händchen, knutschten endlos. Er ist Journalist, Manager einer Prinzessin und Wassermann.*

*Momentan macht er jedoch den Eindruck eines Reinfalls. Er hat sich seit Montag nicht gemeldet. Cat meldete Zweifel an, sagte, sie hätte etwas*

gegen Partyliebschaften, aber ich muss sagen, er fasziniert mich. Auch, wenn er zu viel Stress hat, zu viele Drogen nimmt, zu Frauen frech ist, mit einem Transvestiten und einem Berliner Szene-Designer zusammenwohnt. Er kreuzt viele Städte und vielleicht habe ich ihn wirklich nie für mich allein, aber vielleicht ist es einfach noch zu früh für mich, über all sowas nachzudenken.
Auf meinen Daniel werde ich mich konzentrieren, wieder. Ich möchte ihn nicht verlieren – weiß aber auch nicht, was er denkt. Werde vorsichtig abwarten, was er tut – was geschieht. (18.3.1998)

Es ist schon einiges geschehen, aber nur Eigenartiges. 1. Ich habe mit Felix geschlafen! 2. Wolfgang steht auf mich! 3. Daniel hat seit drei Wochen eine Neue! 4. Tom ... ja, was ist mit Tom?
Tja, das mit Daniel hat mich umgeklatscht wie eine Ohrfeige. Wolfgang traf ich im „Sage“ und bot an, bei ihm noch Sekt zu trinken. Wir werden sehen. Da von Felix alle begeistert waren, habe ich mich breitschlagen lassen. Es war nicht wirklich das, was ich wollte. Die Sache hat nicht besonders Spaß gemacht. (14.4.1998)

Es ist echt komisch, vielleicht werde ich erwachsen ... Ich komme gerade aus Daniels Bett! Und es fühlt sich gut an. Nicht leer, nicht einsam. Nicht traurig, einfach nur gut und sicher. Sicher, weil ich das Gefühl habe, Daniel sicher zu haben, vielleicht zum ersten Mal. (23.8.1998)

*Liege im Bett. Bin gerade von Daniel gekommen, der sich ungemein um mich bemüht. Ich schreibe wieder für das Techno-Magazin „Ten Dance", welch ein Hochgenuss, und er ist nicht mehr mit XX zusammen. (16.9.1998)*

Nach fast zwei Jahren war endgültig Schluss. Und Leila erleichtert, dass der Psychoterror endlich ein Ende hatte.
Die Zeit mit Daniel hat sie verändert. „Daniel hat mich gelehrt, niemanden mehr so nah an mich heranzulassen und nicht mehr so viel über mich zu erzählen. Ich klappe mein Innerstes nicht mehr auf wie ein Buch, bin vorsichtiger geworden. Und selbstbewusster. Heute würde ich mir nicht mehr so viel gefallen lassen", sagt Leila.

*Weißt du, Liebes, beim Schmökern in vergangenen Zeiten fiel mir auf, dass ich das, was ich hatte, nie genug genossen habe. Ich war in dem Moment gar nicht fähig, den Zauber auszukosten, die Situation so zu genießen, wie es die Einzigartigkeit, der flüchtige Kick, das Zittern in den Knien verdient hätten. War ich mit den Gedanken in Luftschlössern oder schon auf dem Rückzug? Oder war mir nie genug, was ich kriegte? Ich hatte zu viel Angst vor dem Ende, um das zu wollen, zu verlangen, was gerade da war.*
*In letzter Zeit kleide ich meine Neugier auf eine Person ganz konsequent in Begierde. Nicht sehr gesund, zweifellos. Denn damit verstelle ich mir*

*den Weg auf alles andere von ganz allein. Aber ich glaube, das ist Absicht. Bloß nicht noch ein Mensch, der mir etwas bedeutet, der mir weh tun kann.*
*Es hungert mich nach Nähe ohne diese verfluchte Angst vor Gefühl. Bin ich ein Macho mit butterweichem Kern? Sollte ich ein Szenewichser werden oder einfach Gefühle abschaffen? Time to start where I began … Ja, wo habe ich denn eigentlich angefangen? Wann habe ich angefangen zu resignieren, abzuweichen, auszuweichen? WANN HABE ICH ANGST BEKOMMEN? (5.6.1999)*

Vor ein paar Monaten hat sie Daniel nach langer Zeit wiedergesehen, bei einer Party. Leila: „Ich empfand gar nichts mehr. Ich fand ihn nur armselig. Am Ende des Abends habe ich ihm vor die Füße gekotzt. Das war das geilste Statement, das ich je zu ihm abgegeben habe."
Schließlich sei er schuld an dem Beziehungsschaden, den sie mit 23 schon habe, an ihrer Bindungsangst und dem Mangel an Vertrauen. Und Noel, das Model aus Hamburg. Glücklicherweise merkte Leila schnell, dass er nicht ganz ungefährlich ist…

*Auweia – es hat BOOM gemacht! Irgendwie, so zwischen „Zieh bei mir ein … da ist noch ein Fach in meinem Schrank frei" und „Können wir bis Montag im Bett bleiben?" wurde mir Angst und Bange. Du kannst dich nicht in dieses Hamburger Model verlieben, der die Modemetropolen kreuzt wie ich Clubs in einer Nacht. Filme drehen, Musik machen, der Blick vom Catwalk herab, bei seiner Agentin wohnen ... Was tust du da, Leila? Die Gesetze der Logik gebieten, dass er ein Ladykiller ist. Ich habe solche Angst ... das nun wieder, ich wollte mir das doch abgewöhnen. Ich bin ganz, ganz superdoll verschossen. (7.7.1999)*

Sie lernten sich im „Cookies" kennen. Nach einer gemeinsamen Nacht zog Noel bei Leila ein. Er kümmerte sich um sie, verwöhnte sie. Zwischendurch verschwand er immer mal wieder für ein paar Tage – aus beruflichen Gründen, wie er sagte.

*Was passiert mit mir – kann nichts essen, nicht schlafen, kann Noel nicht aus meinem Kopf bannen, und zum ersten Mal seit Daniel fehlt mir jemand so sehr, dass ich heulen könnte! (8.7.1999)*

Noel gefiel ihr, weil er sie forderte, ihr intellektuell überlegen war. Er brachte ihr Schach spielen bei, sprach mir ihr über Literatur – für Leila eine völlig neue Erfahrung. „Er hat mich auf Trab gehalten", sagt sie. „Das hat mir gefallen."

*Was für wunderbar faule Tage! Noel war nicht in der Stimmung für Sex, was mich zum Grübeln brachte und zu dem Schluss, dass da noch jemand in seinem Kopf ist. Mir zittern die Knie ... (21.7.1999)*

*Mir kam der Gedanke, dass er sich bei mir einquartiert hat, weil er nicht wusste, wohin. Zwischen uns war nichts, gar nichts, nicht mal ein Kuss. (24.7.1999)*

*Noel ist wieder da, dann war er wieder weg und kommt morgen zurück. Er ist versackt, hat angefangen auszugehen und sich herumzutreiben. Ich bin planlos und verängstigt. Es muss für ihn sehr angenehm sei, zu wissen, dass da jemand ist, zu dem er rennen kann, der Tee macht und ein paar Runden Schach mit ihm spielt, der ihn wortlos massiert, ohne ihn angraben zu wollen. Ich vermute, Noel sucht Nähe, Wärme, vielleicht einen Ruhepol. (1.8.1999)*

Irgendwann traf sie ihn abends mit einer Frau in einer Bar, obwohl er ihr gesagt hatte, er müsse beruflich nach Hamburg fahren.

*Ich hatte, als ich letzten Donnerstag so komisch drauf war, doch was im Gefühl. Ich traf mich mit Stefan im „Cibo Matto", wo ich dann im wichtigen Moment um die falsche Ecke ging und den richtigen Jungen in der falschen Stadt traf, der mir auf die richtige Frage die falsche Antwort gab. Gott sei Dank war ich im großen Staat: Riemchenstilettos, geschlitzter Rock, bauchnabeltief dekolletiertes Haute-Couture-Top und großes Make-up. Da hat Noel geguckt ... Er hatte mir vorher erzählt, dass er beruflich in Hamburg ist, und dann erwische ich ihn in Berlin. Alles an mir hat gezit-*

*tert, was ich mit drei Tequilas einigermaßen abstellen konnte. Das war's dann wohl. (12.8.1999)*

Um sich abzulenken, stürzte sich Leila ins Berliner Nachtleben – und in jede Menge Affären. Zum Beispiel mit dem britischen DJ Michael…

*Oakenfolds Labeljungs Parks & Wilson im „No Ufos" waren zum Anbeißen. Der Schokofarbene der beiden erschien plötzlich an meiner Bar und bestand darauf, von mir bedient zu werden. Mit der Frage nach einem Sonntagnacht-„Sternradio"-Date verschwand Mike dann später ins Hotel. Dort einigten wir uns nach zwei Sekt auf einen Clubwechsel ins „Casino". Und dann standen wir an der Bar im Theatersaal und die Zeit war reif für einen sanften betrunkenen Kuss mitten unter all diesen Gatecrasher-Gören. Er sagte, er würde morgen Mittag nach London zurückfliegen! Ich schaute ihn an, da saß er, dieser schwarze Londoner Star-DJ, der erste schwarze Junge, der mich je gekickt hatte, hielt meine Hand und sagte, dass er in wenigen Stunden wieder fort sein würde … Er sagte: „So we have to hurry up?" Wir küssten uns nochmal und gingen eng umschlungen nach Hause. Es regnete, wir waren nass, konnten nicht aufhören, uns zu küssen, und sein Lachen machte mich so heiß … Im Hotelzimmer enthob er mich leider des Vergnügens, ihn selbst auszuziehen und dann raschelten, giggelten, flüsterten und werkelten wir dermaßen im Bett herum, bis sein Kollege Mike generv t frühstücken ging … dann ging es ziemlich laut zur Sache. Später ging ich ins Bad und duschte, als Mike zu mir kam, ich hatte bewusst nicht abgeschlossen ... Wir seiften uns ein und knutschten unter dem warmen Wasser rum. (24.7.2000)*

Drei Monate später, kurz vor ihrem 23. Geburtstag im Oktober, kam Michael wieder für zwei Tage nach Berlin. Und Leila verliebte sich.

*Was soll ich sagen? Dass ich zitternd am Flughafen stand und fast hinschlug, als er da aus der Schranke kam – so verflucht gut aussehend, dass ich es fast nicht glaubte? Dass er mich mit offenem Mund küsste vor dem Hotel? Dass er mich wollte? Kaum waren wir auf dem Klo im „Sternradio", da riss er mich in seine Arme und knutschte mich beinahe zu Boden. Wir zerrten uns aus den Klamotten und hatten gleich hier, auf dem Klo Sex, wo wir eigentlich nur eine Nase hatten ziehen wollen. Später im Hotel klappten wir auf dem Fußboden zusammen und rissen uns die Klamotten vom Leib. Wir kriegten kaum genug voneinander, hatten noch eine Nase, von der ich jedoch Nasenbluten bekam – Riesenblutfleck im Bett, etwas Furcht erregend groß – und verwüsteten das Hotelzimmer.*
*Später: Liebes, wie wir es auch sehen, ich muss dir sagen, dass er gefahren ist, ohne mir ciao zu sagen. Es scheint so zu sein, dass er diesen ganzen Stress nur betrieben hat, um mich einmal quer durchs Hotelzimmer zu scheuchen. Ich weiß nicht, was*

*ich erwartet habe, aber sicherlich nicht so eine Macho-Nummer. Die ganzen Anrufe, samtweiche Säuseleien, nur um mich auf dem Klo im „Sternradio" zu vögeln? (9.10.2000)*

Trotz der Enttäuschung besuchte sie ihn im Dezember in London. Sie ging bei Gucci shoppen, kaufte sich Schuhe für 300 Pfund und wohnte bei Michael – in seiner Suite in einem Luxushotel. Abends zogen sie durch die Clubs, badeten in Champagner, koksten und tanzten. Leila fuhr voll auf Michaels Starallüren und seine Verschwendungssucht ab. „Er wirft seinem Chauffeur Schuhe an den Kopf und sagt: 'Trag sie mir ins Hotel.' Oder er gibt mir Geld, damit ich mich amüsieren kann. Echt divamäßig! Und wahnsinnig sexy ..."
Als sie nach vier Tagen zurück nach Berlin fliegen musste, drückte er Leila zum Abschied 50 Pfund in die Hand: „Du kannst dir ja ein Taxi nehmen." Das fand sie nun gar nicht mehr so divamäßig. Und schon gar nicht sexy. „Ich kam mir vor wie eine Hure."
Sie tröstete sich mit anderen Männern, ging mit einem Clubbesitzer ins Bett, für den sie früher geschwärmt hatte. Es war eine wilde Nacht mit zu viel Alkohol. Denn als sie morgens neben ihm aufwachte, konnte sie sich an nichts mehr erinnern – Filmriss. „Ich habe mich nicht getraut zu fragen", sagt sie.

*Ich liege im Bett, höre Wu Tang Clan und denke*

*über mein Leben nach. Meine Hauptsorge ist, dass Mike nicht anruft. Ich meine, das ist so dumm, er behandelt mich wie Mist, und meine einzige Sorge ist, dass er sich nicht meldet, um mich in Berlin wieder auf der Toilette zu küssen. (11.1.2001)*

Michael traf sie am 20. Januar in Berlin wieder. Er legte im „Sternradio" auf, und Leila verfiel ihm wieder. Sie ließ sich von ihm verführen. Später verließ er den Laden, ohne sich von ihr zu verabschieden – nicht sehr nett.
„So benimmt man sich einfach nicht", sagt sie. „Aber vielleicht ist es besser so. Ich wusste ja vorher, dass er wahrscheinlich in jeder Stadt eine Tussi sitzen hat. Solchen Menschen kann man keine Fesseln anlegen."
Nach den Erfahrungen mit Michael ist sie vorsichtiger geworden. „Affären sind okay, ein bisschen Spaß haben, aber nichts Ernstes. Keine tiefen Gefühle." Sie hat eine Mauer um ihr Innerstes errichtet, das schon so oft verletzt worden ist in ihrem Leben.

*Liebe und Affäre schließen sich von vornherein aus. Dennoch hat man „Liebesaffären" ... so ganz nebenbei. Doch an welcher Stelle wird aus der Affäre eine Liebe? An dem Morgen, an dem man zusammen das erste Mal die Augen aufschlägt? Wenn man das erste Mal zusammen ist; ohne Worte weiß, was der andere denkt – gerade jetzt? Wenn ich das erste Mal die Badezimmertür nicht abschließe hinter mir? Und damit zulasse, dass er mich sehen kann – mit verwischter Schminke, auf der Toilette sitzend oder beim Zähne putzen? Wird es mehr als eine Affäre, wenn man sich zum ersten Mal die Zähne zusammen putzt? Ich kann nicht behaupten, in letzter Zeit mehr getan zu haben, als Affären zu haben … (20.6.2001)*

# 7. Kapitel

## Make-up-Junkie und Fashion-Victim

Leila sitzt in ihrem Badezimmer und lackiert sich die Fußnägel. In dunkelrot, passend zum knappen Trägertop. Neben ihr stapeln sich Parfümflakons, kleine Döschen in allen möglichen Größen und Farben, Lippenstifte, Pinsel, Haarspray, Kajalstifte, Mascara.

„Ich bin ein Make-up-Junkie" steht auf einem Schild, das an ihrem Badezimmer-Spiegel klebt. Manchmal sitzt Leila stundenlang vor diesem Spiegel und schminkt sich für den Abend. Trägt roten Gloss auf ihre Lippen, blauen Puder auf die Augenlider. Wischt alles wieder weg und probiert eine andere Farbe aus. Bis zu vier Stunden kann das dauern.

*Ich lege immer mehr Wert auf meine körperliche Perfektion, schminke mich täglich mit akribischer Sorgfältigkeit und wähle meine Kleidung mit Bedacht aus. Ich denke, ich ändere mich, weiß jedoch nicht, wieso. Viel geschieht mit mir und um mich herum – es scheint, alles ist in Veränderung und ahnt, dass es sich verändert, geändert wird, genau wie ich. (23.10.1996)*

Leila schminkt sich nicht, weil sie den Männern gefallen will. Sie will sich wohl fühlen, selbstbewusst sein, weil sie sich gut fühlt, findet, dass sie gut aussieht. Und es macht ihr Spaß, verschiedene Schminktechniken auszuprobieren. Schon als Kind hat sie heimlich den Lippenstift ihrer Mutter geklaut und ihre Lippen damit bemalt.
„Mein großer Traum ist es, Visagistin zu werden", sagt sie. „Leider sind Kosmetikschulen wahnsinnig teuer und damit für mich im Moment nicht bezahlbar."

*Gerade sitze ich in der Sonne vor der Uni und sinniere. Schminken ist eine faszinierende Sache. Es ist erstaunlich, wie man mit ein bisschen Puder und Farben ein komplett anderes Gesicht schaffen kann. Ob das ein Beruf für mich wäre, Visagistin? Generell gesehen muss ich Friseuse werden, um mal Visagistin zu sein. (13.5.1998)*

Eine gesunde Portion Narzissmus muss schon sein, findet Leila. Wie soll man denn sonst überleben in einer Welt, in der vor allem das Äußere zählt? Gerade in der Partygesellschaft definiert man sich über die richtigen Formen an den richtigen Stellen und über eine Ver-

packung, die diese besonders gut zur Geltung bringen.
Da Leila in einer Generation aufgewachsen ist, in der die Konservierung des körperlichen Status Quo zu den höchsten Zielen zählt, fällt ihr die Anpassung nicht weiter schwer. Ein gepflegtes Äußeres gilt als Muss, ja fast als Grundwert. „Ist es nicht ein tolles Gefühl, schön gekleidet zu sein?", fragt sie, ohne wirklich eine Antwort zu erwarten.
Leila ist mit ihrem Körper im Großen und Ganzen recht zufrieden. Klar könnte es ein bisschen mehr Busen sein. Und natürlich gibt es Tage, an denen ihr nicht so gefällt, was sie ihm Spiegel sieht. Aber mit den Traummaßen 86-58-89 bei einer Größe von 1,73 Meter dürfe sie sich eigentlich nicht beschweren, meint sie. Worüber auch? Leila: „Als ich 19 war, da habe ich 56 Kilo gewogen und hatte riesige Titten. Da wollte ich mal Fett absaugen lassen, aber heute frage ich mich: Wo denn?"
Leila wiegt 50 Kilo. Ihr Geheimnis? „Gar keins", sagt sie. „Ich hasse Sport, esse gerne Schokolade und trinke literweise Sekt. Wahrscheinlich habe ich einen guten Stoffwechsel."

*Liebste Lee, gerade stand ich im Bad vor dem Spiegel und dachte so bei mir, dass ich irgendwie jeden Tag schöner werde ... (6.1.2001)*

Von dem grassierenden Schlankheitswahn hält Leila gar nichts. „Viele Frauen haben immer etwas an ihrem Äußeren zu meckern – egal, wie schön sie sind. Man sollte es nicht übertreiben", sagt sie. Silikonpolster? Findet sie schrecklich. „Sehen viel zu künstlich aus." Fett absaugen? „Dazu müsste ich schon ziemlich verzweifelt sein." Aber wer weiß, was in zehn Jahren ist? Alles ist endlich, weiß Leila – vor allem die Schönheit.

Leilas einziger Komplex sind ihre Knie. „Mir hat mal jemand gesagt, ich hätte Knubbel-Knie", sagt sie. „Deswegen trage ich nur noch Röcke, die sie verdecken."

Mindestens zehn Stück hat sie von diesen knielangen Modellen in ihrem Kleiderschrank hängen. In schwarz, grau, weiß, mit und ohne Fransen, mit langem Schlitz und mit kurzem.

Klamotten sind wichtig für Leila. Wenn sie ausgeht, muss nicht nur das Make-up, sondern auch die Kleidung stimmen. „Auf die Kunst des angezogenen Ausgezogenseins kommt es an. Subtil erotisch zu sein, ohne ordinär zu wirken, das ist die Kunst."

An manchen Abenden trägt sie locker mehrere tausend Mark an ihrem Körper durch die Gegend. Am liebsten kauft sie bei Gucci und Prada. „Ich bin ein Fashion-Victim. Das ist in Deutschland so was wie ein Kompliment, ein Adelstitel", sagt sie. „Ich habe es schon immer gehasst, in einem zu stark geheizten H&M-Laden zu stehen, wo die Regale voll gestopft sind und die Kleider nach dem Schweiß der Kids stinken. Deswegen kaufe ich lieber in

Designerboutiquen.“ Manchmal spart Leila wochenlang für ein Teil.

*Ich ging gerade rüber ins „T & G“ und gab 350 Mark für ein Seiden-Couture-Oberteil von Balenciaga aus, was soo geil war ... das Gefühl war es wert. (12.8.1999)*

Mit Freunden kann Leila stundenlang über einen bestimmten Gürtel von Prada diskutieren. Instinktsicher erkennt sie, ob jemand eine Tasche von Gucci trägt oder Schuhe, die ein Schauspieler im letzten James-Bond-Film anhatte – das Paar für 500 Mark.
Leilas teuerster Besitz ist eine Lederjacke von Christian Dior für 5000 Mark. „Die hat mir mal ein Lover geschenkt“, sagt sie. Stolz ist sie auch auf die Schuhe von Louis Vuitton, die sie für 649 Mark erstanden hat. „Sie waren um die Hälfte reduziert. Ein echtes Schnäppchen.“
Angefangen hat ihre Klamottensucht, als sie mit einem Freund vor drei Jahren zum ersten Mal in einem Designerladen war. Er kaufte sich einen Mantel für 3000 Mark, „was ja noch nicht mal so viel ist“, wie sie sagt, und sie wurde in der Zwischenzeit von den Verkäuferinnen umgarnt. Sie bekam ein Glas Sekt und jede Menge Aufmerksamkeit. Das fand sie toll, und deshalb versucht sie, so oft wie möglich Geld für Kleidung zu sparen. Seitdem hat sich die Kleiderstange in ihrem Flur ins Unüberschaubare verlängert.

*Ich war heute shoppen und habe endlos Make-up, Klamotten und Accessoires erstanden. Und viel Geld ausgegeben für Taschen, Ohrringe und Armbänder. Ich bin einfach zu schwach, um zu widerstehen ... (8.12.2000)*

Was Leila abends anzieht, wenn sie auf die Piste geht, hängt von den Gelegenheiten ab. Geht sie ins „Cookies", dann mag sie es „transparent". Das heißt: viel nackte Haut, wenig Stoff. „So lange mein Busen nicht in den Kniekehlen hängt, zeige ich ihn gerne vor", sagt sie. „Es macht mir Spaß, mich ein bisschen zu exhibitionieren." Neulich kam sie in Gucci-Krawatte und Jackett – ohne was drunter. „Da haben sie alle geguckt", sagt sie und freut sich noch heute diebisch.
Für besondere Anlässe wie VIP-Partys bretzelt sie sich dagegen richtig auf: Stilettos, enger Rock und bauchfreies Top, dazu das große Make-up.
Tagsüber reicht die kleine Garderobe, dann läuft sie auch mal „underdressed" herum. Zum Beispiel in ihrer schwarzen Calvin-Klein-Hose, in Turnschuhen und einem grauen Strickrolli. Schlicht, aber schick. Darauf legt sie Wert. „Klassisch, viel Schwarz, das gefällt mir", sagt sie.

*Ich weiß, dass ich gut aussah! Riemchenstilettos, geschlitzter Rock, bauchnabeltief dekolletiertes Haute-Couture-Top, Jeansjacke mit aufgekrem-*

*pelten Ärmeln und Star-Make-up, die Haare streng zurück. Lippen und Nägel 100 Prozent Dark Gloss und mit Glitzer am Haaransatz … (12.8.1999)*

Es ist schwer, in Leilas Augen Gnade zu finden, wenn man von Kleidung nicht so viel Ahnung hat wie sie. Richtig geärgert hat sie sich, als sie ein elegantes Designer-Top für 400 Mark gekauft hatte und eine Freundin nach ihrer Meinung fragte. Ihre Antwort: „Ist das von H & M?" – „Sowas kann ich nicht ausstehen", sagt Leila.
Gefallen ihr Klamotten nicht mehr, schmeißt Leila sie weg – egal, was sie gekostet haben. Da ist sie gnadenlos. Oder wenn jemand das gleiche Teil trägt wie sie. Neulich zum Beispiel, da kam sie im weißen T-Shirt mit Playboy-Häschen-Emblem ins „Cookies". Am Eingang traf sie eine Frau im gleichen Shirt. Leila: „Ich habe mein Oberteil sofort ausgezogen und weggeworfen. Da war es mir sogar egal, dass ich den ganzen Abend im BH herumlaufen musste."

*Gestern bin ich nach einem Champagner-Frühstück mit dem Taxi durch die Friedrichstraße gefahren, als ich im Quartier 206 einen orangefarbenen Pullover im Schaufenster entdeckte, der mich voll anturnte! Ich habe den Fahrer angehalten, bin aus dem Wagen gesprungen und habe 480 Mark für das Teil hingeblättert. Und am nächsten Morgen, als ich wieder nüchtern war, habe ich mich tierisch erschrocken: Ich mag doch gar kein Orange! Aber irgendwie war es cool ... (25.10.1999)*

Wie sie ihren Lebensstil finanziert? Leila lächelt. „Papa zahlt." Manchmal jobbt sie in einer Bar, verdient sich mit Promotion- oder Modeljobs ein bisschen Geld dazu. „Und wenn ich ein Teil unbedingt haben will", sagt sie, „esse ich schon mal eine Woche nur Toastbrot."

*Hatte mal wieder nichts im Kühlschrank, keine Kohle da, um was zu essen zu kaufen. Na ja, tut meiner Figur auch mal ganz gut ... (25.3.1998)*

Leila macht nicht jeden Job, lieber hungert sie. Die Arbeit muss in erster Linie Spaß machen. Schließlich sei das Leben viel zu kurz, um es für unnütze Tätigkeiten zu verschwenden. Im Supermarkt arbeiten oder Brötchen verkaufen, so wie viele ihrer Alterskameraden, das kommt für Leila gar nicht in Frage. Lieber kellnert sie ab und zu in einer Szene-Kneipe, tanzt als Go-Go-Girl in einer Disko, hat kleinere Auftritte in Musikvideos oder läuft auf Modenschauen.

*Gestern habe ich auf der Playboy's Paradise getanzt und hatte Lampenfieber wie ein kleines Kind. Doch als ich dann auf dem Podest stand, im Spot, und die kochende Menge unter mir war, hat mich jeder Blick angeturnt und stolz gemacht: „Ich bin hier oben und ihr seid da unten. Ihr schaut mich an, aber ihr könnt mich nicht berühren … aber ich euch!“ (5.7.1998)*

Leila genießt es, vor anderen Menschen zu posieren, sich bewundern zu lassen. Früher hat sie davon geträumt, Model zu werden. Die Hoffnung hat sie zwar inzwischen aufgegeben – „dafür bin ich zu klein“ – aber sie nimmt jede Gelegenheit mit, auf kleinen Modenschauen aufzutreten oder Werbefotos zu machen.

*Am Samstag laufe ich für Fiorucci und Herz & Stöhr auf der MS Sancuci, weshalb gerade viel Stress in meinem Leben herrscht, den ich ungemein genieße. Meine erste Modenschau – wie genial! Die Klamotten müsstest du sehen! Ein transparentes Kleid mit bodenlangem Mantel aus schwarzem Seidenorganza … (30.9.1998)*

Manchmal verdient Leila 2500 Mark im Monat, meistens weniger. Dass sie mit Geld nicht umgehen kann, weiß sie. „Wenn ich Kohle habe, ist sie weg. Aber was soll mein Geld auf der Bank? Da verstaubt es doch nur. Ich weiß, dass es sehr unverantwortlich ist, so zu denken. Aber wer weiß, ob ich überhaupt besonders alt werde bei meinem Lebensstil. Da genieße ich lieber das Hier und Jetzt.“
Das bedeutet in ihren Augen, Geld für Klamotten und Make-up auszugeben. Und wenn keines mehr da ist, weil sie mal wieder zu exzes-

siv gelebt hat, dann pumpt sie eben ihren Vater oder ihre Oma an.

*Wie ich es hasse, so pleite zu sein. Ich muss mich zu meinem Vater aufmachen, um ihn, ohne Vorankündigung, um etwas Kohle anzuwinseln. Ich mag nicht mal irgendwohin gehen im Moment. (10.3.1999)*

Zu Hause spart Leila dafür eisern. Ihre Ein-Zimmer-Wohnung im Stadtteil Friedrichshain, in einem Mietshaus mit lindgrünen Fassaden, ist schlicht eingerichtet. Ihr Schlaf- und Wohnzimmer besteht lediglich aus einem riesigen Himmelbett und Bücherregalen. Passend zum grauen Teppichboden säumen wehende Organzavorhänge die Fenster. In der kleinen Wohnküche stehen zwei weiße Holzstühle und ein kleiner Holztisch. An der Pinnwand hängen Flyer und Fotos von Leila mit DJ Westbam und Lord Knud – Spuren vergangener Nächte. Friedrichshain gefällt ihr. Dort wohnen viele junge Leute, die Miete ist relativ günstig. Der Stadtteil ist zwar nicht so angesagt wie Mitte, aber „hier kann ich auch mal ungeschminkt zum Bäcker gehen, ohne dass mich jemand erkennt".
In ihrem Himmelbett liegt Leila oft tagsüber und erholt sich von den Strapazen des vergangenen Abends. „Ich genieße es, allein zu sein. Ich brauche das als Gegenpart, wenn ich mir die Nächte um die Ohren schlage", sagt sie.

Dann kuschelt sie sich in ihre Decke, manchmal mit einer Gurkenmaske, um die Augenränder zu bekämpfen, trinkt Milchkaffee und liest. Zum Beispiel „Anna Karenina“ von Leo Tolstoi, „The Beach“ von Alex Garland oder „Solo-Album“ von Benjamin von Stuckrad-Barre. Den findet sie „cool“. Ihr Lieblingsbuch ist „Light my fire. Bekenntnisse eines Groupie-Mädchens“ von Pamela des Barres, ihr Lieblingsautor Bret Easton Ellis.
„Viele Typen, die zum ersten Mal in meiner Wohnung sind, wundern sich, dass ich so viele Bücher habe“, sagt sie. „Sehe ich etwa aus, als wenn ich so oberflächlich wäre?“
Oft kocht sie auch zu Hause oder backt Plätzchen. Unzählige Kochbücher stapeln sich in Leilas Regalen. Sie reißt sich sogar Rezepte aus Frauenzeitschriften heraus und sammelt sie. „Diese häusliche Seite“, sagt sie, „kennen die wenigsten Menschen an mir. Ich zeige sie nur den Leuten, die mir wirklich etwas bedeuten.“

# 8. Kapitel

## Zivilcourage statt Tierschutzdemos

Leilas Interesse an Politik tendiert gegen Null. Sie macht sich mehr Gedanken über Angela Merkels Frisur als über deren politische Ideen und Taten, findet es schwerer, zwischen einem schwarzen oder grauen Gucci-Top zu unterscheiden als zwischen SPD und CDU. Und wenn Robbie Williams in der Stadt ist, ist sie aufgeregter, als wenn Gerhard Schröder an ihr vorbeifährt. Ihr Motto: Wozu gegen Tierversuche auf die Straße gehen, wenn man stattdessen Champagner trinken und feiern kann?

„Um über Politik diskutieren zu können, muss man Ahnung davon haben – und das habe ich nicht", sagt sie. „Ich gehe auch nicht wählen, weil ich die Parteiprogramme nicht kenne. Ich nehme politische Entscheidungen lediglich zur Kenntnis."

Vor allem die, die sie persönlich betreffen. Leila ist gegen Kampfhunde – weil sie Angst vor Mastinos und Bullterriern hat. Sie findet das Kanzleramt zu bombastisch, ärgert sich über die Ökosteuer, weil Strom teurer geworden ist. Und sie freut sich, dass Eberhard Diepgen endlich abgelöst wurde: Weil die CDU so viele Razzien und Clubschließungen in Berlin zu verantworten habe und ein schwuler Bürgermeister wie Klaus Wowereit sowieso cooler sei.

*Hey, Engel, stell dir vor: Berlin hat einen schwulen Bürgermeister. Vielleicht geht es mit dieser Stadt doch noch bergauf. Das heißt nicht, dass ich dieses Land mehr mag, ich will es immer noch demnächst verlassen, aber zumindest erscheint es mir als ein Schritt in die richtige Richtung, oder? (28.6.2001)*

Dass Berlin Bonn als Hauptstadt abgelöst hat, ist Leila ziemlich egal. Genau wie die Tatsache, dass Spitzenpolitiker aus der ganzen Welt seitdem ihre Heimatstadt besuchen. Wer ist schon Tony Blair? „Politiker sind für mich Typen mit Schlips, unsexy und völlig langweilig", sagt Leila. „Ich würde nie einen auf der Straße erkennen."
Wichtig findet Leila dagegen Zivilcourage. Wenn sie eine Frau mit Nerzmantel auf der Straße sieht, pöbelt sie: „Igitt, tote Tiere!" Wird ein Ausländer angemacht, geht sie dazwischen. „Ich handele lieber, als mich theoretisch mit Politik auseinander zu setzen", sagt

sie. „Und wozu soll ich für eine Sache auf die Straße gehen? Das bringt doch eh nichts.“
Die Love Parade ist die einzige Demonstration, zu der Leila bereit ist – und das auch nur wegen des Geldes, das sie bei den Partys hinterm Tresen oder auf einem der Wagen verdienen kann.

*Fühle mich, als ob man auf mir herumgetrampelt wäre. Überall blaue Flecken. Mir tut so ziemlich jeder Muskel weh vom Tanzen. Dennoch hatte ich Unmengen Spaß! Ich habe auf der Love Parade drei Tage durchgefeiert. Freitag war ich im „Tresor“, Samstag habe ich auf einem der Wagen getanzt. Dann bin ich erst mal nach Hause, habe geduscht, und bin – obwohl totfertig – zur Uni-Mensa und habe dort bis morgens früh weitergefeiert. Sonntagmorgen ging es ab neun Uhr weiter beim Sven-Väth-Event im „Tresor“. Geil! (13.7.1997)*

*Die Love Parade mit allen Tücken, Typen und Regengüssen und diesem unglaublich geilen Gefühl ... (22.7.1998)*

*Love Parade in Berlin – wo sonst packt einen in dieser Stadt die Liebe? Alle benehmen sich wie mondsüchtig, und die Stadt ist voller Mutanten. Wie vermutlich jedes andere in Berlin ansässige Clubopfer suchte ich mir einen Job, nachdem ich die Line-ups der einzelnen Partys gecheckt hatte und mir „No Ufos“ am ehesten zusagte. Freitag war noch alles ruhig, bis auf die übliche, dem Anlass natürlich überhaupt nicht angemessene Hysterie! Ich sprach massiv dem Caipirinha und dem von Oliver erbotenen lovely cocaine zu. Samstag brach dann endlich der von mir befürchtete Bürgerkrieg los ... (24.7.2000)*

*Baby, die Love Parade kommt. Da ich dieses Jahr in die Organisation der E-Werk-Party verwickelt bin, kann ich zum ersten Mal nachvollziehen, wie viel Arbeit und Energie in so einer Party steckt, auf der dann Hip-VIP-Leila rumsteht und mault: „Das ist ja echt lau, die hätten sich ruhig mehr bemühen können ..." Komischerweise freue ich mich dieses Jahr ernsthaft auf diesen Trouble und bin aufgeregt wie ein kleines Kind vor Weihnachten. Vielleicht suche ich mir mal wieder einen Wagen zur Parade und vielleicht werde ich dieses Jahr tatsächlich die berühmte „Café am neuen See"-VIP-Party besuchen ... Alle Tücken, Typen, Küsse und Regengüsse der Parade 2001 lasse ich auf mich zukommen mit einem Lächeln. (19.7.2001)*

Partys statt Pflichten, Fun statt Verantwortung – gesellschaftliche Ansprüche interessieren Leila wenig. Überhaupt ist ihr vieles in unserer Gesellschaft zu eingefahren, zu langweilig und zu zwanghaft. „Warum muss ich arbeiten, nur weil 'man das nun mal so tut, weil es dazugehört'?", fragt sie. „Ich bin jung, habe mein Leben noch vor mir. Und auch zum Arbeiten

habe ich noch genug Zeit, wenn ich so weit bin. Wenn ich weiß, was ich will."
Deutschland ist ihr nicht multikulturell, nicht bunt genug. „Ich treffe gerne viele verschiedene Leute. Doch wo gibt es das in Deutschland? Die Menschen sind mir zu engstirnig und haben viel zu viele Vorurteile."
Sie stört die mangelnde Toleranz gegenüber allem, was anders ist. „Wenn ich mit Michael unterwegs war, musste ich mir oft anhören: 'Was willst du denn mit einem Schwarzen?'"
Auch sie selbst muss sich gegen Vorurteile wehren – wegen ihres unkonventionellen Lebensstils. Früher hat sie sich darüber Gedanken gemacht. Heute will sie sich nicht mehr für andere Leute verbiegen. Leila: „Ich habe gemerkt, dass ich nicht so sein muss, wie andere Menschen mich haben wollen. Ich bin heute so, wie ich bin, und verstelle mich nicht."
Ihre ehemals beste Freundin Cat, mit der Leila seit ihrer Kindheit befreundet war, kam damit irgendwann nicht mehr zurecht. Nach der Trennung von Daniel verspürte Leila so einen Drang, ihre Freiheit auszuleben und das zu tun, was sie wollte, dass sie erst mal keine Rücksicht auf andere nehmen konnte. „Wir haben uns auseinander gelebt", sagt sie, „und verkehren heute in völlig verschiedenen Welten." Cat hatte irgendwann die Nase voll von der Nachtszene. Sie studiert Japanologie und wohnt mit ihrem Freund zusammen, will bald Kinder bekommen.

Leila: „Die Entwicklung macht mich sehr unglücklich, weil ich sie sehr geliebt habe. Aber ich habe mich eben verändert, bin offener und toleranter geworden. Unsere Welten haben nicht mehr zusammengepasst."

# 9. Kapitel

## Zukunftsvisionen

Mit 16 fühlte sich Leila zum ersten Mal alt. Sie stand in einem Laden, umgeben von lauter 14-Jährigen. Plötzlich überkam sie das Gefühl, dass alles endlich ist. Sie rannte in den nächsten Kosmetikladen und kaufte sich Anti-Faltencremes für 600 Mark. Das beruhigte, fürs Erste jedenfalls.
Zwei Jahre später, an ihrem 18. Geburtstag, heulte Leila. Am 20. Geburtstag bekam sie einen Tobsuchtsanfall. Und heute? Um Leilas grüne Augen haben sich die ersten Linien gegraben, dunkel schimmern die Augenringe. Noch sieht ihr Teint makellos aus. Doch wie lange, bei ihrem Lebenswandel? Drogen, Alkohol – Leila hat schon vieles ausprobiert. „Ich muss ein bisschen aufpassen", sagt sie. „Mein Lebensstil verschleißt."

*Also, da bin ich nun endlich mit 16 Jahren, einem Tag und 2,75 Stunden. Noch etwas aufgeratscht von Koks, Tequila, Sekt und Thommy ... Daddy hat vorhin angerufen und ich war zu sehr auf Koks, als dass ich lange reden konnte. Und überhaupt, was für ein Geburtstagsgeschenk ...! Wir verdrückten uns aufs Klo und zogen auf dem Klodeckel jeder eine Line. Zuerst war ich total entsetzt, dann dachte ich: „Warum nicht?", und dann hatte ich auch echt Lust. Etwas unsicher kniete ich mich vors Klo und zog die für mich bestimmte Line mit dem 10-Mark-Schein von Oma und Opa. Wenn die wüssten ...! Es brannte, ich konnte meinen Herzschlag am ganzen Körper spüren. (13.10.1993)*

*Auf der Electric Kingdom ist mir zum zweiten Mal die Handtasche geklaut worden, es war sonst ganz nett, glaube ich, denn ich weiß gar nichts mehr davon. Nicht einmal mehr das, was ich wissen müsste! Hüte dich vor blauen Substanzen, du musst dir sonst erzählen lassen, was du gemacht hast oder es im „030" nachlesen! (13.11.2000)*

„Am Tod stirbt man nicht. Man stirbt an Langeweile und Gleichgültigkeit" steht in einem von Leilas Tagebüchern. „Ich bin sehr zufrieden mit meinem Leben", sagt sie.
Doch manchmal überkommt sie der Gedanke, dass Partys nicht alles sein können. Vielleicht wäre eine geregelte Arbeit doch nicht so schlecht?
„Die Stimme der Vernunft meldet sich", sagt sie und lacht unsicher. „Aber eher deshalb, weil es in unserer Gesellschaft dazugehört. Nicht, weil ich es wirklich will." Und deshalb

schiebt sie den Gedanken wieder weg. Bloß nicht ernsthaft damit auseinander setzen. Dazu bleibt noch genug Zeit, wenn „ich keine schicke Schnitte mehr bin. Dann kann ich ja immer noch arbeiten".

*Ich fühle mich asslig und vor allem aber unerwünscht und geduldet. Also schnell weg hier. Einige Dinge muss ich aber noch erledigen – ein Konto eröffnen, endlich einen Job finden. Ich denke zunehmend über meine Zukunft nach und könnte mir zunehmend eine Kugel in den Kopf jagen vor Aussichtslosigkeit und Sinnlosigkeit. (1.8.1996)*

In zehn Jahren will Leila nicht mehr geschminkt und in engen Fummeln in irgendwelchen Clubs herumhängen. „Diese Pseudo-Junggebliebenen finde ich zum Kotzen. Sie hängen in den Clubs ab und merken einfach nicht, dass sie sich lächerlich machen."
Was sie will? Sie zuckt mit den Schultern, wirft die rotblonden Haare zurück. „Auf keinen Fall mein Leben lang jeden Abend in einen Club rennen und eine schicke Schnitte sein, die an der Bar steht. Ich möchte zwar ein Teil der Szene bleiben, aber auf einer professionellen Basis. Vielleicht als Kolumnistin für eine Zeitschrift?"

*Was in meinem Herzen los ist, beschäftigt mich so dermaßen, dass für kaum noch etwas anderes Platz ist. Zur Schule gehe ich schon lange nicht mehr, aber ich habe keine Vorstellung, was ich tun möchte – außer, dass ich schreiben möchte, vielleicht später mal ein Buch oder für eine Zeitung. Vielleicht mehrere Sprachen, vielleicht andere Länder, ich weiß, dass ich hier fort möchte. London, New York, Los Angeles, Rio de Janeiro, Rom, Madrid, an die Riviera will ich ... (1.3.1998)*

Weg aus Berlin – der Gedanke beschäftigt sie schon länger. Die Möglichkeiten in Deutschland sind ihr zu begrenzt, die Denke und die Menschen zu spießig. „Hier kenne ich doch inzwischen alles, das ist langweilig", sagt Leila. „Ich würde gerne eine neue Szene erobern. Irgendwo anders von vorne anfangen."
Aber wenn es daran geht, die Pläne zu verwirklichen, macht sie einen Rückzieher. Die Wohnung aufgeben, ihre Freunde zurücklassen? „Ich bin so hin- und hergerissen." Also bleibt sie, und mit ihr die unterschwellige Unzufriedenheit.

*Ich liege im Bett, grüble nach und versuche einen Plan zu machen, was nun weiter geschehen soll mit mir und meiner Welt, die nur noch aus Partys, Männern und Schminke besteht. Es muss was passieren. Job, Schule, Lehre oder zumindest ein Plan. (7.5.1998)*

Ein „Nine-to-five"-Job sei jedenfalls nichts für sie, wie sie ausdrücklich betont. Und frühes Aufstehen und Routine schon gar nicht. „Jeden Tag dasselbe zu erleben, das ist für mich eine Horrorvorstellung“, sagt Leila. „Ich möchte mit dem, was ich mache, glücklich sein und das auch ausstrahlen. Solange ich nicht herausgefunden habe, was das ist, mache ich lieber gar nichts. Ich weiß zwar noch nicht, was ich will. Aber ich weiß, was ich nicht will.“

Dass sie mit ihrem Schulabschluss Probleme bekommen könnte, einen Job zu finden, glaubt Leila nicht. „Ich bin ja nicht doof, ich habe was drauf. Und das, was ich machen will, kann man eh in keiner Ausbildung lernen. Ich glaube, dass ich gut mit Menschen umgehen kann und irgendwann in einer Event-Agentur arbeiten werde. Ich habe so viele gute Kontakte geknüpft bei all den Partys, dass ich schon etwas finden werde.“

Bislang hat sich allerdings noch niemand bei ihr gemeldet und ihr einen Job angeboten, der über Kellnern oder Tanzen hinausging. Wie sollte sie ihn auch bewältigen bei der chronischen Unzuverlässigkeit, die sie an den Tag legt?

Alles erledigt sie auf den letzten Drücker. Manchmal verschläft sie Termine einfach, lässt Leute stundenlang warten. Neulich stand der Gerichtsvollzieher vor ihrer Tür, weil sie vergessen hatte, die Bücher aus der Stadtbücherei rechtzeitig zurückzubringen und die Mahnung verschlampt hatte. „Ich habe halt keine Disziplin“, sagt sie ergeben. „Das hat mir meine Mutter nicht beigebracht.“

*In letzter Zeit habe ich nicht viel mehr getan, als Affären zu haben, Partys zu feiern, mehr als vier Clubs pro Nacht zu kreuzen, so wenig wie möglich zu arbeiten. Ich verwende meine Zeit hauptsächlich darauf, Dinge zu tun, die mir Spaß machen, und alle anderen so lange vor mir herzuschieben, wie es geht. Also habe ich gelernt, nach sieben Tequilas noch immer gerade zu laufen, auf 13 Zentimeter hohen Stilettos zu tanzen, ohne auszurutschen, und den Weg immer von überall nach Hause zu finden. Ich kriege mit einem Zwinkern jeden Taxifahrer dazu, mir die Nachtfahrt – wohin auch immer – möglichst billig zu machen, habe die letzten drei Singleauskopplungen von Westbam im Kopf und kann Speedgarage von Progressive House unterscheiden, aber ich habe seit einem Jahr keinen Ausweis. Ich falle nicht vom Laufsteg, wenn mich ein Blitzlicht blendet, und kann mich sexy auf Diva schminken, aber wo bekommt man eine Steuernummer? Mein Leben erfordert so viel Kraft, Zeit und Spaß, dass für etwas anderes kaum Platz bleibt. (11.7.2001)*

Auch die Schule hat Leila nicht geschafft. Mehrmals hat sie probiert, ihr Abitur nachzuholen. Und hat immer wieder aufgegeben.

Zuerst in der Abendschule. „Da habe ich die ganze Zeit darüber nachgedacht, welchen Nagellack ich tragen und was ich gleich anziehen soll“, erzählt sie. „Das habe ich nicht lange durchgehalten.“

Dann im Rahmen einer ABM-Maßnahme.

*Ich habe endlich den Einstellungstest gemacht, mit viel Hoffnung und Vorfreude im Herzen, endlich etwas zu tun zu haben. Der erste Schritt in die Richtung, die ich zu suchen eineinhalb Jahre gebraucht habe. (23.4.1999)*

*Baby, stell dir vor – ich habe den Test bestanden! Wie geil, Abitur, ich komme. Dann muss ich zwar früh aufstehen, aber das packe ich schon. (30.4.1999)*

Im Juni 1999 ging's los. Sie drückte morgens die Schulbank, nachmittags musste sie in der Berliner Charité Akten abstauben und ordnen. Doch es lief nicht so, wie sie es sich vorgestellt hatte. Ihre Klasse war voll mit „Kids, die vom Weg abgekommen sind", wie sie sagt, die ihre Lehrer mit Baseballschlägern bedrohten und sich ständig prügelten. „Ich kam mir vor wie in einem Resozialisierungsprogramm für minderjährige Straftäter."
Morgens kam sie fast immer zu spät – kein Wunder, war sie oft erst wenige Stunden vorher nach Hause gekommen. Sie ertappte sich dabei, wie sie ungeschminkt zur Schule ging. Während des Unterrichts starrte sie aus dem Fenster oder blätterte in Modezeitschriften. „Ich habe nichts gelernt", sagt sie. „Jedenfalls nichts, was mich interessiert." Sie schwänzte immer häufiger, vergaß, ihre Hausaufgaben zu machen.

*Es liegt gerade etwas Stress in Schule und Job an, denn man will mir Steine in den Weg legen, und ich muss jetzt strampeln. Habe viel mehr Lust auf Party und Schnitten ohne Ende heute Nacht, wir werden sehen! (2.10.1999)*

Als dann auch noch ihre Betreuerin zu ihr sagte, ihr Lebenswandel sei bedenklich, da war die Sache für sie gelaufen – und der letzte Versuch gescheitert, die Schule nachzumachen. „Ich bin weder drogen- noch alkoholabhängig oder auf den Strich gegangen. Und da muss ich mir Vorträge über meinen Lebensstil anhören. Wenn ich eine Analyse brauche, gehe ich zum Psychiater."

*Schule habe ich, glaube ich, endgültig geschmissen … (26.2.2000)*

Seit mehr als einem Jahr gammelt Leila also wieder in den Tag hinein. Lässt sich treiben, macht, was ihr gefällt, manchmal sieht dabei nicht alles so rosig aus.

*Meine Nächte sind schwarz, schwarz, schwarz! Meine Welt ist aus dem Takt geraten und alles, nur mein Kopf und die lebendigen Erinnerungen nicht, hält die Luft an. Meine Ideale verlieren plötzlich ihren Wert. Keine Schnitte in meinem Kopf, keine Pläne, keine Wünsche – außer einer Kreditkarte, um hier herauszukommen, weg, weg, nur weg … (23.8.2000)*

Wenn sie zu Hause sitzt, in ihrer kleinen Wohnung in Friedrichshain, dann sehnt sich Leila manchmal nach einem Leben im Luxus. Der Besuch bei Michael in London hat ihr gefallen. Sie hat in einem teuren Hotel gewohnt, für 1000 Mark pro Nacht. Wenn sie Durst auf Champagner hatte, musste sie nur den Zimmerservice rufen. Sie bestellte so viel, dass sie darin baden konnte. „Das war echt klasse", sagt sie.
Und so antwortet sie auf die Frage nach ihrem Lebensziel auch ganz spontan: „Reich und berühmt werden. Ich weiß nur noch nicht wie."
Auf keinen Fall will sie sich einen reichen Typen angeln, den sie nicht liebt. „Ich könnte nie aus reiner Berechnung mit jemandem ins Bett gehen." Reichtum also nicht um jeden Preis. Aber wie dann?
Leila weiß selbst keine Antwort darauf. „Vielleicht ergibt sich ja was."

*Liebste Lee, ich liege auf meinem Bett und sinniere über meine Zukunft. Ständig bin ich pleite, muss Daddy anbetteln oder sparen. So kann das nicht weitergehen! Vielleicht muss doch ein Job her? Oder ich lerne endlich den richtigen Märchenprinzen kennen, der auch noch viel Geld hat ... Bloß: Wo finde ich ihn? (3.2.2001)*

Vielleicht wäre ihr auch schon geholfen, wenn sie jemanden hätte, der sie festhält, wenn sie traurig ist. Der sie auch liebt, wenn sie nicht geschminkt oder mal nicht gut drauf ist. „Der mich auf Trab hält, der mir geistig überlegen ist und mir meine Grenzen aufzeigt. Jemand, von dem ich was lernen kann“, sagt sie. Ihr Traummann eben. Leider lässt er sich in ihrem Leben nicht blicken. Oder hat sie ihn nur noch nicht bemerkt?

*Daniel hat sich gemeldet, was soll ich nur in seiner Welt? Lexy traf ich im „Kings Club“, wo wir shakerten und er mich mit zu sich nehmen wollte. Aber was soll ich dir sagen? Bei all den Männern fehlt mir irgendwie mein Prinz Wunderbar. (22.2.1999)*

Kinder will sie auf jeden Fall haben. Irgendwann. „Kinder soll man bekommen, wenn man jung ist“, findet sie. Aber dazu müsse man auf ein Partyleben, wie sie es führt, verzichten können. „Das könnte ich jetzt noch nicht. Außerdem fehlt mir der passende Mann.“ Und was ist mit einem geregelten Leben? Und mit einem regelmäßigen Einkommen, um das Kind zu ernähren? Darüber hat sie noch nicht nachgedacht. Ist ja auch noch Zeit genug, wenn es soweit ist.
Wenn sie jetzt schwanger werden würde, würde sie das Kind auf jeden Fall bekommen – „weil abtreiben bedeutet, ein Leben zu töten. Und das will ich nicht“.

So verantwortungsvoll hat sie nicht immer gedacht:

*Du glaubst es nicht, ICH BIN SCHWANGER! Die Kaulquappe ist jetzt neun Wochen alt und wird nur elf werden ... tut mir Leid, Kleines, nicht jetzt. Omi steht Kopf, Daddy ignoriert mich und Mommy – tja ... Ich habe beinahe ein schlechtes Gewissen, dass es mich so wenig – gar nicht – berührt. Das Zeichen, dass es mir egal ist, oder? (28.4.2000)*

Freunde von Leila kritisieren diese Oberflächlichkeit, die Leila zuweilen an den Tag legt. „Sie lebt in einer fiktiven Welt“, sagt Kathleen. „Sie braucht ihre Freiheit, kann keine festen Bindungen eingehen. Und es fällt ihr schwer, Verantwortung für ihr Leben zu übernehmen. Geschweige denn für das Leben anderer.“
Manchmal zweifelt auch Leila an der Oberflächlichkeit ihres Lebens. Es gibt Momente, in denen sie ihr Leben kritisch betrachtet. Momente, in denen die Partyszene nicht mehr so rosig ist, wie sie ihr nachts erscheint.

*Ich kann sie alle nicht mehr sehen. Je öfter ich das „Cookies“ aufsuche, desto genauer und grausiger definiert sich der Begriff Pack für mich. Die ganzen Visagen, arrogant und intrigant, immer sich selbst hypend und im Mittelpunkt stehend. Der Wettbewerb, wer wem wann endlich mal einen auswi-*

*schen kann. Das ist mir zu infantil und inzwischen auch zu langweilig. Die Zufälligkeit, mit der man dann eine schöne Frau sieht im Pöbel, verdeutlicht den krassen Unterschied nur umso mehr. Ist diese Art von Amusement der Langeweile zu Hause tatsächlich vorzuziehen? Spaß beginnt für mich da, wo ich aufhöre nachzudenken. Diese Art von Szene ist es nicht, in der ich Spaß haben kann. Ich glaube, dass mir ein Blick über den Tellerrand auf gar keinen Fall schadet, die Prioritäten müssen neu gesetzt werden. Ich hoffe, dass mir das Ausgehen wieder beginnt, Spaß zu machen. (25.7.2000)*

Doch so schnell, wie die Zweifel kommen, so schnell sind sie auch wieder verschwunden. Noch am selben Tag schreibt sie:

*Ich hoffe, die Fahrt nach London klappt. Mit Kathleen an der Bar der bekanntesten und besten Clubs der Welt lachen, wo die DJs Großmeister der Feiermusik sind, die wissen, wie man eine Halle voller Sehnsüchte zum Tanzen bringt … (25.7.2000)*

# Meet Leila

Berlin ist zweifelsohne eine Reise wert. Wenn Sie in Berlin wohnen, umso besser! Lassen Sie sich von Leila in die glitzernde, faszinierende und schnelllebige Welt der Clubs, In-Cafés und Szenebars entführen. Wir haben einige Treffpunkte für Sie zusammengestellt, die eine hohe „Leila-Wahrscheinlichkeit" bieten und im Übrigen auch noch „hipp" sind.

Natürlich erheben unsere Vorschläge keinen Anspruch auf Vollständigkeit. Auch die Aktualität in Bezug auf das „In-sein" kann nicht immer garantiert werden. Die Szene befindet sich in ständiger Bewegung – sehr zum Leidwesen aller Betreiber entsprechender Etablissements, die manchmal von einer Nacht auf die andere plötzlich nur noch am Rand des Geschehens stehen. Gefallene Engel gibt es bereits zur Genüge. Entgegen anders lautender Meinungen ist aber die Berliner Amüsierlandschaft inzwischen deutschlandweit, nicht zuletzt auch wegen der immer noch existierenden Sogwirkung der Love Parade, auf die vorderen Plätze vorgestoßen.

Stürzen Sie sich ins Vergnügen!

# BARS UND CLUBS

## 808

*Adresse:*
Oranienburger Str. 42
10178 Berlin
Tel.: 030-28046727
Fax: 030-28046729

*Öffnungszeiten:*
täglich ab 10 Uhr

*Internet:*
www.bobyoung.de

*Bemerkungen:*
Das „808" gehört Szene-Matador Bob Young. Nach dem Erfolg seines Edel-Clubs „90°" widmete er sich diesem neuen Projekt und ist erneut damit voll eingeschlagen. Die aufwändig gestylte Cocktailbar gehört schon jetzt zu den angesagtesten Läden auf dem Oranienburger Kiez. Das einfache Fußvolk tummelt sich normalerweise vorne in der Bar, die Szene hat die Lounge mit dem großen Aquarium für sich reserviert. Die sehr empfehlenswerten Cocktails gibt es in der Happy Hour von 18:08 bis 20:08 Uhr ab 8,– DM.

*Leila meint:*
Das 808 ist die Bar von Bob Young, dem sensa-

tionellen Partyveranstalter. An einem Sonntagabend in total entspannter Atmosphäre einen brillanten Cocktail in tiefen Ledersesseln schlürfen – was für ein charmanter Ausklang eines langen Wochenendes!

## 90°

*Adresse:*
Dennewitzstraße 37
10785 Berlin
Tel.: 030-27596231
Fax: 030-27596253

*Öffnungszeiten:*
MI „After Work Party" von 20 bis 3 Uhr
FR und SA ab 23 Uhr

*Internet:*
info@90grad.com
www.90grad.com

*Bemerkungen:*
Die Konkurrenz in Berlin Mitte ist hart. Doch nach einigen Schwierigkeiten ist das „90°" wieder da, und das schicke Stammpublikum kehrt zurück. Vor allem die Reichen und Schönen dürfen sich hier zu Hause fühlen. Für die einen „total versnobt", für die anderen „aufregend" bietet der Club auf jeden Fall einiges fürs Auge – wenn man erst einmal drin ist. Er ist

schön renoviert worden, die Lounge ist im 80er-Jahre-Retrostil gehalten. Die Preise liegen bei 15,– DM für „After Work" und 20,– DM normal. Kreditkarten werden nur an der Bar genommen, nicht am Einlass. Special Events sind der Homepage des Clubs zu entnehmen.

*Leila meint:*
„Wanna be rich and famous" – muss man nicht unbedingt hingehen!

## Café Burger

*Adresse:*
Torstraße 60
10119 Berlin
Tel.: 030-28046495

*Öffnungszeiten:*
täglich ab 18.00 Uhr

*Internet:*
o. A.

*Bemerkungen:*
Das „Café Burger" in der Torstraße ist eine Adresse der etwas anderen Art. Das Innere ist im 50er-Jahre-Retrostil gehalten mit Holzvertäfelung an den Wänden und an der Theke und einer liebevoll, skurrilen Einrichtung. Regelmäßig werden dort Lesungen – wie bei-

spielsweise sonntags die „Reformbühne Heim und Welt“ mit jungen Autoren – und Gigs von schrägen, lokalen Bands abgehalten. Das Café ist unter anderem ein Treffpunkt für viele Künstler und Musiker aus der ehemaligen DDR, das Publikum ist ansonsten bunt gemischt. Die Preise liegen im Berliner Durchschnitt.

*Leila meint:*
Das „Café Burger“ war ursprünglich als Literatencafé geplant, wird aber inzwischen als Geheimtipp der Szene gehandelt. Es gehört meinem Vater, und so stehe ich häufiger mal hinterm Tresen!

## Casino

*Adresse:*
Mühlenstraße 26-30
10243 Berlin-Friedrichshain
Tel.: 030-29009799

*Öffnungszeiten:*
FR und SA von 23 bis 8 Uhr
SO von 17 Uhr bis Open End

*Internet:*
o. A.

*Bemerkungen:*
Vorsicht: Dieses Casino ist keine Spielbank. Vielmehr zählt der Laden seit seiner Eröffnung zu den angesagtesten Locations von Berlin, dessen Bekanntheitsgrad noch weit über die Grenzen der Metropole hinausreicht. In einem alten Fabrikgebäude gelegen und mit zwei Floors ausgestattet, bietet er eine Atmosphäre, die Partygänger von nah und fern anzieht. Neben bekannten DJs wie Marusha und Paul van Dyk legen auch örtliche Schallplattenunterhalter wie Djoker Daan auf. Die Gäste – irgendwo zwischen 16 und 35 Jahren – wechseln mit den jeweiligen DJs, dennoch existiert ein gewisses Stammpublikum. Die Eintrittspreise liegen zwischen 10,– und 30,– DM.

*Leila meint:*
Tresen-Tanz verdächtig! Ist mein zweites Wohnzimmer, und ich komme selten vor 11 Uhr morgens nach Hause. Hier landet man, wenn alles andere zu ist und man noch nicht nach Hause will.

## Cookies

*Adresse:*
Unter den Linden (Ecke Charlottenstraße)
10117 Berlin

*Öffnungszeiten:*
DI und DO ab 23 Uhr

*Internet:*
o. A.

*Bemerkungen:*
Das „Cookies“ unter den Linden macht auf ganz schick. Doch Stammpublikum und Stammkonzept des alt eingesessenen Cocktail-Kaisers sind geblieben. Ein Hauch des Illegalen umweht die Räumlichkeiten, die Gäste rekrutieren sich aus der szenigen Mitte-Crowd. Und das Konzept funktioniert: das „Cookies“ ist eine der gefragtesten Locations in Berlin. Der Laden ist stets überfüllt und ansässige DJs brennen darauf, hier auflegen zu dürfen. Die Kultdrinks Watermelowman und Mai Tai gibt es für nur 10,– DM. Der Eintritt liegt bei 5,– DM.

*Leila meint:*
Sehr Schnitten verdächtig! An der Bar arbeiten und treffen sich die Local Heroes der Stadt, und auch Promis wie Kate Moss, Pamela Anderson oder die junge Berliner Schauspielszene um Robert Stadelober und Tobias Schenk kann man erblicken. Dienstags ist die Musik eher Nebensache und alle stehen an der Bar und freuen sich, dass sie diesmal reingelassen wurden. Donnerstags geht es äußerst experimentell daher (von den Supremes über HipHop, Reggae und Drum'n'Base). Hip, cool und immer lustig.

## Greenwich

*Adresse:*
Gipsstraße 5
10119 Berlin
Tel.: 030-28095566

*Öffnungszeiten:*
täglich ab 18 Uhr

*Internet:*
o. A.

*Bemerkungen:*
Im „Greenwich“ ist Retro angesagt. Lange schmale Aquarien und mit Leder bezogene Wände prägen den Stil des Ladens. Die Musik variiert je nach Barkeeper von Jazz bis hin zu Pop. Für die Cocktails legt man zwischen 10,– und 25,– DM hin. Trotz leichten Rückgangs auf der In-Skala der Szene ist das „Greenwich“ immer noch so gefragt, dass sich das Publikum am Wochenende selbst bei klirrender Kälte draußen vor den Toren versammelt, um auf einen freien Platz zu warten.

*Leila meint:*
Ein Ableger der „Cookies’ Bar“, sehr minimalistisch eingerichtet, Aquarien, Leder und dekorative Gesichter vor und hinter der Bar – nicht mehr ganz so entspannt, aber sehr hipp!

## Kalkscheune

*Adresse:*
Johannisstraße 2
10117 Berlin-Mitte
Tel.: 030-5900434-0
Fax: 030-5900434-11

*Öffnungszeiten:*
(Büro) 9:30 bis 18:30 Uhr

*Internet:*
info@kalkscheune.de
www.kalkscheune.de

*Bemerkungen:*
Die „Kalkscheune" befindet sich am Schnittpunkt des kulturellen und politischen Lebens in Berlin. Zwischen der Flaniermeile Oranienburger Straße, den Hackeschen Höfen, dem Brandenburger Tor und dem Reichstag gelegen, ermöglicht sie ein besonderes Ambiente für viele Veranstaltungen.
Das Haus bietet, mit dem nostalgischen Charme einer alten Fabrik, Räumlichkeiten über mehrere Ebenen – sowohl für intime Feiern als auch für große Gala-Empfänge oder Partys. Vier im Ambiente verschiedene Räume können einzeln oder zusammen gemietet werden – und der begrünte Innenhof bietet im Sommer wie im Winter zusätzlichen Raum.

*Leila meint:*
Hat leider nur noch wenig mit der Clubszene zu tun, aber zweimal im Monat gibt es samstags immer die „Schöne Party“ von Radio 1, für die, die sich fürs Clubleben zu erwachsen fühlen!

## Matrix

*Adresse:*
Warschauer Platz 18, Gewölbe 11
10245 Berlin-Oberbaumcity
Tel.: 030-29491047
Fax: 030-29491049

*Öffnungszeiten:*
FR und SA ab 24 Uhr

*Internet:*
office@matrix-berlin.de
www.matrix-berlin.de

*Bemerkungen:*
Die außergewöhnliche Gestalt und Größe der Gewölbe und Ziegelbögen sind das beeindruckendste Merkmal des „Matrix“, einer Club- und Eventlocation. Der alte Steinbau wird durch modernes Design und Aufsehen erregende Lichteffekte ergänzt. Eine der Stärken des „Matrix“ ist seine Wandlungsfähigkeit. So erhält jede Veranstaltung ihren einzigartigen Charakter. Der Eintritt beläuft sich – je

nach Event – auf 10,– bis 20,– DM, Dienstags und donnerstags kommt man für 10,– DM (inkl. zwei Freigetränken) hinein.

*Leila meint:*
Zum harten Technotrance trifft sich hier die Berliner Vorstadtszene! Gute Events und in der Woche HipHop und Crossover!

## Newton

*Adresse:*
Charlottenstr. 57
10117 Berlin-Mitte
Tel.: 030-20612990

*Öffnungszeiten:*
täglich von 10 bis 3 Uhr

*Internet:*
o. A.

*Bemerkungen:*
Die „Newton"-Bar am Gendarmenmarkt trägt ihren Namen ganz offensichtlich nicht zu Ehren des Physikers Isaac Newton. Vielmehr prägen die strengen Nackten des Starfotografen Helmut Newton das Ambiente des auf nobel gemachten Ladens. Schwere Sessel, hochglänzendes Palisanderholz und grün-weißer Marmor dominieren den Raum, Jazz bil-

det die Klangkulisse. Die Getränkekarte bietet alles, was gut und teuer ist. Ab zehn Uhr morgens wird bereits die gestresste Business-Class von der Friedrichstraße bedient, abends füllt sich die Bar oft bis an den Rand mit dem Edelpublikum der Mitte.

*Leila meint:*
Schick anzusehende Mitte-Bar am Gendarmenmarkt mit schönen Helmut-Newton-Fotos an der Wand. Wer nicht edel genug aussieht, wird erst gar nicht bedient.

## Sage Club

*Adresse:*
Köpenicker Straße 78
10179 Berlin
Tel.: 030-2785052
Fax: 030-27898320

*Öffnungszeiten:*
FR bis SO ab 23 Uhr; DO ab 22 Uhr

*Internet:*
office@sage-club.de
www.sage-club.de

*Bemerkungen:*
Erneut ein Treffpunkt der Reichen, Schönen und Prominenten. Ein Feuer speiender Drache

über der Tanzfläche ist das Wahrzeichen des „Sage Club". Neben dem Floor umfasst der Club mehrere Bars, eine Lounge und einen Chill-out-Bereich, obendrein ein Barbecue im Garten. Für heiße Stimmung zu später Stunde sorgen Go Gos und Live-Acts.

*Leila meint:*
Früher war ich hier immer sonntags zur Gay-Party, sehr lustig. Sehr mixed und kann charming sein. Samstags meist sensationelle Events. (Infos gibt es am besten im kostenfreien Szene-Mag „030".)

© Jan Hillebrecht

## Sternradio

*Adresse:*
Alexanderplatz 5
10178 Berlin-Mitte
Tel.: 030-24724982
Fax: 030-24724981

*Öffnungszeiten:*
FR und SA ab 23 Uhr (und je nach Veranstaltungsserie an Wochentagen)

*Internet:*
sternradio@no-ufos.de
www.sternradio-berlin.de

*Bemerkungen:*
Das „Sternradio“ ist ein dauerhafter, authentischer Anlaufpunkt im Herzen Berlins, der für Nightlife-Propheten wie maßgeschneidert ist und ein ernst zu nehmendes kulturelles Territorium bieten soll. Der Club ist klein, smart und gespickt mit einer Portion Neo-Pop. Der Eintritt liegt je nach zwischen 10,– und 20,– DM.

*Leila meint:*
Mein Lieblingsladen. Der Szeneableger von „No Ufos“, auch hier spielen High-class DJs. Freitags House, samstags eher Techno – mein erstes Wohnzimmer! Sonntags Früh zwischen drei und vier Uhr trifft man hier jeden, vor allem wenn DJ Woody auflegt. Spezial-Tipp: Einmal im Monat legt freitags Lexy auf.

© Gustav Volker Horst

## Tresor Club

*Adresse:*
Leipziger Strasse 126 a
10117 Berlin-Mitte

*Öffnungszeiten:*
MI, FR und SA

*Internet:*
club@tresor-berlin.de
www.tresorberlin.de

*Bemerkungen:*
Fast ein ganzes Jahrhundert dienten die Räumlichkeiten des „Tresor“ als – genau: Tresor. Die Original-Ausstattung blieb erhalten, als der Club 1991 erstmals seine Stahltüren dem tanzfreudigen Publikum öffnete, und trägt maßgeblich zur besonderen Atmosphäre der Location bei. Zum „Tresor“ gehören der House-Floor „Globus“, das Aurora Café, und im Hinterhof öffnet der Tuna Garden im Sommer seine Tore. Die Musik geht von Underground-Techno über House zu HipHop. Am Mittwoch treffen sich die jüngeren Techno-Fans, an den Wochenenden sind die Gäste gemischter. Der Eintritt kostet mittwochs 5,– DM, freitags 10,– DM und samstags je nach Programm zwischen 15,– und 20,– DM.

*Leila meint:*
Der Einsteigerladen für alle, die gerne Techno hören – mit angeschlossenem Label! Mit DJs, die sich kein anderer Laden leisten kann. Das Urgestein in Berlin!

## WMF-Club

*Adresse:*
Ziegelstr. 22
10117 Berlin
Tel.: 030-28388850
Fax: 030-288788988

*Öffnungszeiten:*
DO, FR, SO ab 23 Uhr; SA ab 24 Uhr

*Internet:*
www.wmfclub.de
info@wmfclub.de

*Bemerkungen:*
Einer der angesagtesten Clubs in Berlin, der „WMF-Club“, braucht nicht einmal Außenwerbung, um sein Publikum zu ziehen. Nichts deutet darauf hin, was sich wirklich hinter der sonnengelben Tür in dem reichlich desolaten Altbau Wohnblock abspielt – gäbe es da nicht immer wieder diese langen Menschenschlangen direkt davor. Der Club fährt eine schöne Linie zwischen Trend und Bodenständigkeit, wodurch sich Publikum aller Couleur angezogen fühlt – vom Studi bis zur Diva. Pomp und Schicki-Micki wird man zwar weniger finden, aber dafür coole Party-Events auf einer großen Tanzfläche mit Live-Videoprojektionen und exzellentem Sound. Regelmäßig finden besondere Events, wie Themenabende oder Benefizveranstaltungen statt.

*Leila meint:*
Sehr relaxed, sehr hipp und mittig – „Cookies“ mit guter Musik. Mittwochs ist Kings-Club! Hier prügelten sich schon so manche um den Einlass.

# EVENTS

## Electric Kingdom

*Adresse:*
Columbiadamm 13-21
10965 Berlin-Kreuzberg
Tel.: 030-6980980

*Öffnungszeiten:*
vierteljährlich, FR oder SA ab 23 Uhr bis ca. 10 Uhr

*Internet:*
info@columbiahalle.de
www.columbiahalle.de

*Bemerkungen:*
Das „Electric Kingdom" kommt ursprünglich aus Berlin, und auch wenn sich das Event mittlerweile zur nahezu weltweiten Tour gemausert hat, kehrt es vierteljährlich in die Heimat zurück. Der Größe der Veranstaltung entsprechend findet das Techno-Electro-Event in einer der größten Konzerthallen Berlins, in der Columbiahalle, statt. Die auflegenden DJs gehören überwiegend zum Label „Low Spirit", doch auch einige prominente Residents wie beispielsweise Westbam oder DJ I.C.O.N geben sich regelmäßig die Ehre. Der Eintritt liegt meist bei um die 35,– DM.

*Leila meint:*
Hier wurde tatsächlich ein neuer Musikstil gegründet – Techno-Electro! Auch wenn's teuer ist, lohnt es sich zum Vorverkauf zu gehen, sonst steht man sich die Beine in den Bauch! Beinahe die einzige Veranstaltung, bei der Westbam in Berlin auflegt. Richtig zur Sache gehts hier mehr auf und hinter der Bühne im legendären VIP-Bereich.

## Love Parade

*Adresse:*
Love Parade Berlin GmbH
Alexanderplatz 5
10178 Berlin

*Öffnungszeiten:*
jährlich, stets im Juni oder Juli

*Internet:*
info@loveparade.net
www.loveparade.de

*Bemerkungen:*
Am 1. Juni 1989 als Demonstration für Frieden, Liebe und gegenseitigen Respekt von DJ Dr. Motte, einigen anderen Szene-DJs und 150 Acid-House-Jüngern geboren, ist die Love Parade in rasantem Tempo und mit gleichsam rasant steigenden Teilnehmerzahlen mittler-

weile zum ungeschlagenen Mega-Event in Berlin geworden. Zur 12. Love Parade im Jahr 2000 kamen 53 Musik-Trucks und 1,3 Millionen Raver, um in einem gigantischen Party-Umzug Berlin zum Kochen zu bringen. Die Dimensionen sind eigentlich nur noch für den vorstellbar, der wirklich dabei war.

*Leila meint:*
War ich schon seit Jahren nicht mehr und arbeite währenddessen meist wie viele in den Clubs, um alle Leute zu sehen! Ausnahmezustand in Berlin! Übrigens: Am besten sind die Partys in den Tagen vor der Parade, weil hier die meisten, die später arbeiten müssen, selbst noch Zeit und Lust haben zu feiern!

## No Ufos

*Adresse:*
Alexanderplatz 5
10178 Berlin-Mitte
Tel.: 030-44359422
Fax: 030-44359423

*Öffnungszeiten:*
ca. 2x pro Monat, Beginn je nach Veranstaltungsort

*Internet:*
info@no-ufos.de
www.no-ufos.de

*Bemerkungen:*
„No Ufos“ gab es in Berlin bisher mindestens zweimal monatlich in wechselnden Locations wie dem „Spreespeicher“, „Dresdner Bahnhof“, der „Kalkscheune“, dem „Casino“, „Glashaus“, der „Arena“, dem „Hangar II“, im „Flughafen Tempelhof“, der „Info-Box“ am Potsdamer Platz, der „Insel der Jugend“, dem „Boom Club“ oder dem „Kulturforum Tiergarten“. Zur Zeit finden regelmäßige „No-Ufos“-Landings in der eigenen Homebase und dem „Sternradio“ direkt am Alexanderplatz in Berlin-Mitte statt. Das Event ist sehr abwechslungsreich und bietet sowohl neue, hochkarätige DJs und Live-acts als auch regelmäßig wiederkehrende Party-Reihen an. Ab und zu finden auch Groß-Events statt, die für einen ähnlichen Ausnahmezustand in Berlin sorgen, wie sonst nur die Love Parade.

*Leila meint:*
Haben sich leider ein bisschen zurückgezogen, kommen aber bald wieder mit High-class DJs aus der ganzen Welt. Musik: meistens Techno! Man geht hier mit Liebe und Professionalität an die Organisation. Man merkt's! Tolle Deko und wechselnde Locations.

# SHOPPING

*Leila meint:*
Beim Shopping rund um den Hackeschen Markt, den Kudamm und in Schöneberg zwischen Nollendorfplatz und Winterfeldplatz kommt man mit Sicherheit mit einem Kleidungsstück wieder raus! Auf dem Winterfeldplatz ist samstags ein sensationeller Wochenmarkt, auf dem sich all die mit exklusiven Spezialitäten fürs Wochenende eindecken, die noch einigermaßen fidel sind! Er ist zwar überlaufen von Touris, aber immer noch der beste und alt bewährte Tipp zum Einkaufen!!

## Galeries Lafayette

*Adresse:*
Französische Straße 23
10117 Berlin-Mitte
Tel.: 030-209480
Fax: 030-20948102

*Öffnungszeiten:*
MO bis FR 9:30 bis 20 Uhr
SA 9 bis 16 Uhr

*Internet:*
www.lafayette-berlin.de

*Bemerkungen:*
Die „Galleries Lafayette“, das berühmte Pariser Warenhaus, verströmen auch in Berlin französische Elegance. Der Komplex selbst ist von Stararchitekt Jean Nouvel gewagt und mit viel Glas entworfen, zu den Marken, die hier für beachtliche Sümmchen über den Ladentisch gehen, zählen die Kollektionen der französischen Stardesigner Yves Saint-Laurent oder Pierre Cardin, außerdem edle Stücke von zahllosen anderen, namhaften Modemachern. Im Souterrain findet sich eine feine Gourmetabteilung, die exquisite, höchst französische Spezialitäten anbietet. Das ganze Haus ist zugänglich für Rollstuhlfahrer.

## Gucci

*Adresse:*
Fasanenstraße 73
10719 Berlin-Wilmersdorf
Tel.: 030-8856300

*Öffnungszeiten:*
MO bis FR 10 bis 19 Uhr; SA 10 bis 16 Uhr

*Internet:*
o. A.

*Bemerkungen:*
Das weltbekannte italienische Modehaus ist, nach einigen ruhigen Jahren, wieder zur Spitze der großen Fashion-Häuser aufgestiegen. Es ist für seine schöne Kleidung, Accessoires und Schuhe bekannt. Diese enthalten unter anderem rasante, todschicke und verführerische kleine Kreationen für die Klientel, die eine Platinumkarte besitzt. Hier trifft man gelegentlich auch Stars aus Film und Fernsehen.

## Quartier 206

*Adresse:*
Friedrichstraße 71
10117 Berlin-Mitte
Tel.: 030-20946800
Fax: 030-20946810

*Öffnungszeiten:*
MO bis FR 10 bis 20 Uhr; SA 10 bis 16 Uhr

*Internet:*
o. A.

*Bemerkungen:*
Eine der besten Adressen für Mode liegt natürlich an einer der besten Adressen für Shopping in Berlin – in der Friedrichstraße. Im modern-avantgardistischen Rahmen bietet das „Quartier 206“ alles, was gut und teuer ist: Gaultier,

Yohji Yamamoto, Prada und Helmut Lang, um nur einige Namen zu nennen. Das Konzept, von der Mode über Accessoires und Kosmetik bis hin zu Büchern alles Edle an einem Ort zu vereinen, ist hier zur Vollendung gebracht.

Leila mit ihrer Oma.

Leilas Mutter.

*Typische Kinderbilder Anfang der 80er.*

*Im Sonntagsstaat im Streichelzoo in Berlin.*

*Leila mit ihrem Lieblingsplüschtier „Wuff".*

*Die „wilde rote" Leila bei ihrer Einschulung 1984.*

*Der große Westbesuch bei Leilas Oma.*

© Erik Hackenschmidt

*Verführerische Leila in Berlin.*

© Erik Hackenschmidt

*Leila mit ihrem Vater in Essen bei einer Lesung (Dezember 1993).*

*Leila heute.*